群策智齡 3

靈活創新・引領未來

黃金時代基金會　編著

明窗

序一

Karoline SCHMID
聯合國經濟和社會事務部
人口司生育率和人口老齡化科主管

隨着我們進入21世紀，人口老齡化正以前所未有的勢頭發展。世界人口的格局正在我們眼前重塑。人們的壽命愈來愈長，愈來愈健康，同時出生率正在下降。預期壽命的延長和出生率的降低，導致我們社區中長者的比例愈來愈大。雖然這種人口結構的變化確實證明了醫療保健和整體生活質量的進步，但它也帶來了多方面的挑戰。然而，這些挑戰也為通過社會創新實現社會轉型帶來了機遇。

人口老齡化帶來的挑戰是多方面的。人口老齡化和勞動力萎縮往往給醫療保健和退休金系統，以及其他支援系統帶來更大的壓力。不僅如此，還需要新的住房模式、交通解決方案和長者友好的基礎設施，以滿足長者的需求。此外，當今社會的長者獨居比例不斷上升，所導致的社會孤立和孤獨感亦是不容忽視的問題。

面對這些挑戰，社會創新的承諾成為希望的燈塔。社會創新是關於鼓勵創造力、冒險精神和持續學習的環境；它超越了簡單的問題解決方式，不僅需要改變思維，還需要改變思維方式，並將挑戰視為突破性想法和解決方案的機會。

為了實現這種思維方式的轉變，我們需要打破所有長者都是軟弱無能和貧窮的負面和刻板印象。並非所有長者都是經濟的負擔。長者能夠而且確實通過他們的工作和作為強大的消費者作出重大的經濟貢獻。許多人在他們的社區內外都很活躍，過着積極、健康和豐盛的生活，直到80甚至90多歲。不論是女性或男性，長者都不斷獲得新技能並提高他們的資訊科技素養，在黃金歲月中繼續他們的個人成長和職涯發展。

社會創新可以有很多方面：從促進不同年齡層之間互動和理解的多代人生活的新方式，到促進長者實現居家安老願望的長者友好城市。此外，許多企業開始意識到不斷增長的長者消費者市場所蘊含的機遇，當中包括為長者開發出行解決方案的汽車製造商，為視障長者設計智能手機和平板電腦的科技初創企業。還有，美容行業正在為女性長者開拓價值數十億美元的抗衰老產品市

場；旅遊業開始認識到日益增長的「銀髮」旅行者群體的不同需求、興趣所帶來的商機。

當我們面對這些人口老齡化挑戰時，我們需要重新定義老齡化、生活和繁榮在21世紀的意義。通過擁抱社會創新，我們邁出了大膽的一步，為所有人建立一個更公平、對長者友好和互聯互通的世界。這不僅僅是人口統計學的問題，它是人類適應能力和韌性的證明，是百折不撓的創新精神的結晶。

當今世界正處於人類歷史的關鍵時刻，我們今天做出的決定和採取的行動將對子孫後代產生重大影響。

聯合國認為，《馬德里老齡問題國際行動計劃》以及世界各國領導人作為《2030年可持續發展議程》的一部分通過的可持續發展目標，為利用潛在的社會創新力量，將我們的世界重塑為繁榮的老齡化社會奠定了基礎。

序二

孫玉菡
香港勞工及福利局局長

隨着香港社會人口老齡化加劇，長者人口的生活需求日益增加。政府在不同方面持續努力，包括投入資源、尋找地方和增加人手，以滿足長者的需求。此外，創新科技也被視為解決老齡化問題的重要途徑。透過創新科技，我們可以在有限的資源條件下充分發揮潛力，解決問題並創造價值。

香港在社福方面一直處於領先地位，我們有許多非政府機構通過提供社會服務和支援，幫助長者人口融入社會並改善他們的生活品質。例如，智慧居家科技、健康監測系統、社交媒體和網絡平台等創新科技的應用，可以幫助長者人口保持獨立、提高生活質量並保持社交聯繫。此外，香港也積極推動智齡科技研發和應用，以提供長者人口所需的創新解決方案。

另一方面，長者人口的增長也成為全球社會面臨的重大挑戰和機遇。在這個充滿潛力和挑戰的時代，我們必須以一種全新的方式看待長者的角色和貢獻，並將他們的智慧、經驗和能力納入社會的發展中。

《群策智齡3：靈活創新‧引領未來》這本書將帶領讀者深入探索黃金時代經濟、健康和醫療保健、智齡科技的發展和應用、永續人才發展，以及社會凝聚力和包容。這些主題將幫助我們了解長者人口對社會和經濟的影響，並提供我們應對這些影響的策略和方法。

建立一個支持長者的環境，以使他們能夠充分發揮自己的潛力，並為社會的進步做出貢獻，同時，探索創新的商業模式和社會服務，以及介紹最新的科技研究，可以滿足長者人口不斷增長的需求，並提高長者的生活質量和健康狀態。如果能善用長者人口的經驗和智慧，可以對當今社會面臨的各種問題和挑戰發揮重要作用。在閱讀這本書的過程中，希望讀者能夠深入思考如何將長者人口納入社會的發展中，並激發他們的潛力和創造力。只有通過共同努力，我們才能實現一個真正包容和繁榮的社會，讓每個人都能在其中發揮自己的價值。

序三

何永賢
香港房屋局局長

　　創造安居樂業的環境一直以來都是我們的共同願景。在這個充滿挑戰和機遇的時代，我們面臨着許多重要議題，其中包括全球日益老齡化的趨勢。然而，我們不應只視老齡化為一個問題，亦應看見議題本身的潛力所在。透過集思廣益、智慧創新的方式，我們可以創造一個更能達致跨代共融的社會，讓每個人都能活出自己的精彩。

　　《群策智齡3：靈活創新・引領未來》將啟發我們踏上一段旅程，探索智慧老齡化的可能性和跨代共居社區的未來。香港政府一直十分關注如何打造友善和包容的社會環境，以及促進不同年齡層之間的交流和合作。跨代共融的社區能夠提供一個平台，讓年輕人和長者共同生活、學習和彼此支持。這種跨代的互動不僅能夠豐富我們的生活經驗，還可促進價值觀的傳承和增強社會的凝聚力。

在土地和房屋策略方面，政府已經找到足夠的土地，可滿足未來十年內公營房屋單位的供應目標。此外，政府還致力於建設宜居宜業宜遊的都會區，提供更多發展機會。

為了盡快填補短期公營房屋供應不足的缺口，政府已於各區開展興建簡約公屋的工作。同時，政府還推出私人興建資助出售房屋「樂建居」先導計劃和「港人首次置業」項目，為市民提供更多的置業選擇。這些政策和措施將有助於增加房屋供應、提高居住環境的品質，並支持弱勢群體的需求。

除了房屋供應，政府亦十分重視綠色生活和關愛共融的議題。香港房屋委員會現正為未來入伙公營房屋項目的公共空間、設施及屋邨環境進行顧問研究，並制訂「幸福設計」指引。同時通過走訪各屋邨，透過互動的活動和訪問，收集公屋居民對幸福生活的意見和想像，給顧問團隊作出分析及研究。這些措施旨在打造更綠色、更宜居的居住環境，並提供多樣化的社區設施和活動，滿足不同年齡層的需求，增加居民的幸福感。

編者的話

容蔡美碧

黃金時代基金會創辦人及主席

　　前英國首相邱吉爾有一句名言：「不要浪費一場好危機」。(Never let a good crisis go to waste.) 危機無可避免帶來劇烈的變化，但亦激發了創新的思維，揭示新的機會。

　　與其說新冠肺炎疫情或近年發生的種種黑天鵝事件突如其來得讓人措手不及，倒不如說這是一記快馬加鞭，讓我們從舒適圈中驚醒，發覺許多潛藏的問題已經迫在眼前，未來並不遙遠。在後疫情時代，社會、環境、政治及經濟急速變化。不管環境順逆，人口高齡化是不可逆轉的趨勢，是每個社會的內需，亦是城市、國家及區域間共同面對的挑戰，幅度之廣及層面的複雜性前所未見。傳統的學說稱之為「銀髮海嘯」，如果不進行根本性的社會變革，我們很快就會面對更多衝擊：人口超高齡化、少子化、生產力下

降、退休金危機、醫療費用不斷上升、大規模的腦退化症、安老院不堪重負等等。可喜的是，創革者從中發掘到難得的發展機遇，各種創新的思潮和舉措方興未艾；加上科技顛覆性的變革，可快速和大規模地提供解決方案。

本會由社會創新的角度出發，經過近10年的深耕細作，建立了一個跨界別、跨年齡的平台，促進商界、民間、政府、社福、學界、科研界和專業人士的伙伴協作關係，大家用解決問題的心態去應對嶄新的境況，在過程中建立有自尊和自信的社區，讓市民在高齡社會中各展所長。我們今天的行動，將會影響和塑造當前和未來幾代長者的生活。

《群策智齡3：靈活創新•引領未來》集結近30位國內外各行各業中有影響力的思想家和實踐者，分享與老齡化相關的創新想法和經驗，內容涵蓋發展智齡化社會的各大領域，包括：（一）黃金時代經濟、（二）健康和醫療保健、（三）智齡科技的發展和應用、（四）永續人才發展、（五）社會凝聚力和包

容。當中涉獵長者住屋和跨代共融社區、金融理財規劃、長者旅遊、醫療和健康變革、科技發展、人才培訓、創新的金齡美饌等。

在此特別感謝聯合國經濟和社會事務部人口司生育率和人口老齡化科主管Karoline Schmid博士、香港勞工及福利局局長孫玉菡先生及香港房屋局局長何永賢女士撰寫序文，以及近30位文章的作者。

今年我們特別和明窗出版社合作，就是希望把智齡的理念帶給更多讀者，建立由下而上的社會變革。

我們十分需要群策群力，凝聚來自各界的變革力量，擴大影響力，以前瞻性的思維與靈活創新方案，引領未來，建設可持續發展的智齡城市。

目錄

 第 1 章：黃金時代經濟

第 2 章：健康和醫療保健

 # 第 3 章：智齡科技的發展和應用

第 4 章：永續人才發展

第 5 章：社會凝聚力和包容

第 1 章
黃金時代經濟

開拓安老護理服務
創建跨代共融社區

蔡宏興
華懋集團執行董事兼行政總裁

人口老齡化是整個香港社會要面對的挑戰。根據政府統計處的推算，到了2046年，65歲及以上的長者比例將達36%；然而，香港的相關居住設施卻嚴重不足，私營企業在滿足長者生活所需方面，必須為社會帶來正面效益。

● 蔡宏興對健康護理和安老業務充滿信心。

仲量聯行於2023年5月發表的《銀髮市場可預見的未來——香港及大灣區內地城市安老地產的發展機遇》研究報告指出，香港65歲或以上的長者於未來10年將增加46.3%，但安老院舍宿位的供應同期僅增加0.24%。我們應提供更高質素的長者設施，以及一站式健康護理和居家安老的服務，讓長者能夠有尊嚴地、舒適地享受人性化的退休生活。因此，華懋集團希望跟各持分者合作，一起研究不同的合適方案，提供更好的安老護養服務。

本着以人為本、共享繁榮、保護環境的「三重基線」為理念，華懋集團於2022年已成立「CCG Healthcare 康健護理」品牌，提供不同服務，滿足長者在不同階段的需求：

1. 獨立生活：適合身體健康、可獨立生活、相對年輕的長者。華懋在興建私人住宅項目時，會在消閒娛樂、生活起居和保健養生等方面，提供迎合這批長者需要的多元服務，建立跨代共融社區。

2. 輔助生活：身體狀況稍遜、患有長期慢性疾病的長者，需要照顧者和所在社區，提供不同程度的輔

助。華懋的康健護理業務可為他們提供多方面的安老護養服務。

3．專業護理：對於身體嚴重退化或有長期病患的長者，專業醫療及加護服務自是必需。CCG Healthcare旗下具質素的安老院舍，可照顧長者日常起居飲食，提供專業醫療、特別護理、復健等一條龍服務。

● 蔡宏興（中）與松齡護老集團行政總裁陳業強（左）在「松心薈」了解院舍所提供的復健設施及服務。

建立跨代共融社區

　　華懋積極提倡「持續關懷退休社區」的概念。有別於傳統的護老模式，這類可持續發展的長者活力社區，匯集安老院、護養院、日間護理中心，亦設有樂齡公寓，安排各項社交、娛樂和護理照顧等貼心服務，讓退休人士享有體貼和理想的安老生活。

　　華懋旗下位於觀塘安達臣道的住宅項目「安峯」，以「全齡社區」為發展及設計方向；集團亦將於未來的發展項目，注入長者友善及適合全齡人士的設計元素，加上升級的物管服務，進一步實踐「持續關懷退休社區」理念。

「全齡社區」旨在讓不同年齡層的人士一起在社區生活，不但為長者提供獨立生活配套，亦適合不同的家庭成員，各取所需，體現跨代共融，符合中國人希望擁有良好倫理和鄰舍關係的價值觀。父母年老，未必需要住在長者專屬的社區，而是可跟兒孫共度愉快生活；子女長大自組家庭後，在交通距離不遠處另覓居所，與年邁的父母、甚至祖父母住在全齡社區裏，便可多見面，生活上互相關顧，增進彼此感情，又可保留私人空間，過着跨代共融的愜意生活。

具質素的安老院舍

華懋集團於2022年收購松齡護老，希望利用集團本身的地產發展、物業管理、酒店款待等業務的優勢，提升安老院舍服務質素，讓院友住得更舒適、更健康、更安心。

收購松齡後，集團推出位於銅鑼灣禮頓道的「松心薈」，提供高端的護老服務，醫護人手與院友比例不低於1比1.2，院舍並加入樂齡科技設備，包括復健相關的練習和遊戲、送餐機械人，以及一些幫助長者臥牀轉身的多功能電動牀等。

此外，集團位於石硤尾的院舍「松齡樂軒」，則是專為患有認知障礙的長者而設；在人手配置、院舍設計和科技配備都有特別安排，讓院友在醫護和生活上得到適切的照顧。而松齡護老另一新院舍「松齡翠軒」，位於古洞北新發展區，是集團首間政府合約院舍，秉承「敬老如親」的精神，提供優質安老服務。

● 「松齡樂軒」內的舊日足迹感知館。

居家安老

我們鼓勵居家安老，讓有自理能力的長者，在熟悉的環境下養老是最好不過的。華懋會在設計住宅項目的硬件時，保留靈活性，方便住戶年長時改動家居佈置，以達致安全、便利、無障礙為準則，成為長者友善居所，如：洗手間的設計比較寬敞，方便輪椅出入；浴缸可改建成無障礙的淋浴間，並加裝扶手等，避免長者跌倒受傷。

另外，華懋集團之前與香港中文大學賽馬會老年學研究所合作進行一項為期五年的研究項目，制訂《健康齡活住宅設計指南》給業界作參考標準，預計於今年向公眾發表。

華懋集團致力推動長者友善社區和改善長者居住環境，提供優質安老護養的服務，全力支持香港「全齡社區」發展，體現「跨代共融」的理念，冀與社會各持分者攜手合作，令香港能成為一個更宜居的城市。

持續創新 面迎轉變

郭海生
其士集團主席兼董事總經理

　　智齡變革力量和其士集團的使命及五大核心價值不謀而合。集團於1970年創立，當時只是一間有10多人的小型公司，獨家代理東芝牌電梯及扶手梯，經歷數十年的改革及不斷創新，發展至今日多元化並在全球擁有8000名員工的跨國企業。

安老、醫療、營運——三環緊扣

　　集團一直建設社區，除透過參與香港不少大型基建項目外，亦在加拿大經營酒店業務。集團看準安老市場機遇，早於2011年投身保健護理投資業務，進軍美國安老院舍。有見香港人口老化加劇，安老服務需求增加，集團集合其在香港、加拿大設施管理，及投資美國安老院舍和醫務大樓的經驗，按集團五大核心價值積極開拓本地安老產業，三環緊扣打造香港首個集醫療服務及酒店管理概念的養老社區——「曦蕓居」。

● 其士集團主席兼董事總經理郭海生先生（左一）到訪集團位於美國拉斯維加斯的安老院舍，與當地員工及營運商會面。

● 由 2011 年起，其士集團先後進軍美國安老院舍及醫療投資業務，投資醫療辦公室大樓。

集團貫徹五大核心價值，以推動本港安老產業的發展：

1. 追求卓越：集團結合本地及海外的酒店經營、醫療服務投資，和營運海外安老院的經驗，三環緊扣，在香港打造集醫療服務和酒店式管理於一身的養老社區。由集團參與及發展的高級長者公寓「曦蕓居」是香港首個以「醫社合一」嶄新模式營運的退休社區。結合「醫」、「食」、「住」、「行」元素，致力為退休人士提供優雅自在、頤養人生的理想居所。

● 其士集團積極參與建設社區，銳意打造香港首個集醫療養老及酒店管理概念的長者公寓──「曦蕓居」。

2. 堅守誠信：長者護理業務需要建立與客戶之間的信任關係，「信任」是客戶選擇養老服務重要因素之一，集團會遵守保健、長者護理行業的專業，確保提供安全可靠和專業的照顧服務，提供符合客戶期望及具有競爭力的長者護理服務。

3. 關愛員工：集團致力為員工營造安全、和諧的工作環境，令員工在工作和生活上保持身心健康及快樂，讓員工以關愛之心為客戶提供優質服務。

4. 可持續發展及創新：香港將會成為全球壽命最長的地區，人口老齡化與養老資源短缺問題是社會各界面臨的重大挑戰，集團認同安老行業應走向健康科學與持續發展的方向。因此，新建成位於跑馬地的長者公寓「曦薈居」，建築設計運用了建築信息模擬系統 (Building Information Modeling, BIM)，以數碼模擬程序令設計視像化，從而優化建築規劃，並能夠利用數據，提供準確的設施管理及質素監管。另外，集團引入海外的養老概念——持續照顧退休社區 (Continuing Care Retirement Community, CCRC) 在香港落實應用，以滿足長者不同層次的照顧需要。加上健康與公共衛生持續發展的範疇不容忽視，曦薈

居安裝了冷凍天花系統，有助減少交叉感染的機會。營運方面，將運用多項先進智能科技，包括智能家居生活系統、具偵測功能的智能機械人等，配以個案管理，建構健康追蹤系統等，讓醫護團隊透過大數據時刻掌握住客身體狀況，盡早跟進，提升日常護理流程，提供個人化的家居照顧方案，善用樂齡科技。

5. 維持業務多元化：多元化業務使集團發展更具有彈性，能適應市場變化，讓保健、養老護理業務從中得到全面性提升，以更優質的服務滿足客戶需求。

高端長者公寓——「曦蕓居」

位處跑馬地雲地利道的「曦蕓居」將於2024年下半年開幕，「曦蕓居」致力實踐居家安老，由資深跨專業團隊，包括醫療、專職醫療、社工與款待管理人員為住客制定個人化的照顧計劃，透過引入持續照顧退休社區的概念，按照長者的自主能力，為長者提供獨立自主型、生活協助型，及認知照顧型服務，無論是獨立生活，還是需要貼身照顧均可滿足。

　　「曦薈居」設有健身室、恆溫泳池、花園等，並會恆常開辦各式各樣的興趣活動，使長者擁有積極充實和愉快的退休生活。住客的一日三餐將由「曦薈居」照顧，讓長者如同置身家中，令其有親切溫暖的感覺。「曦薈居」更特別設有兩層空間，專門為有輕度記憶和認知障礙的長者提供服務。職業治療師將每天為他們提供腦力訓練、緬懷治療，以減緩長者記憶衰退。

　　此外，「曦薈居」與初創公司合作，於每個房間設有共同研發的「陪伴機械人」，以高科技為長者帶來便利。每一個房間亦加入智能家居的功能，設有智能長者生活系統，開燈、關燈等日常大小事務全憑聲控一手掌握。

創建樂齡宜居社區

陳欽勉
香港房屋協會行政總裁兼執行總幹事

照顧長者的住屋需要，並非只提供一個安身居所，更重要是讓他們能與社區繼續保持連繫，以活躍的生活模式居住在安全、安心的環境。

作為香港的房屋實驗室，香港房屋協會（房協）早於20多年前開始研究及推展長者房屋。當時香港仍未有長者屋概念，而房協已於2003年推出首個「長者安居樂」住屋計劃，以全港首創的終身租住模式，並配備一站式服務，成為廣受長者歡迎的居家安老項目。為照顧不同經濟能力的長者需要，房協亦於2015年推出非資助優質房屋項目——「雋悅」，深受經濟能力較佳的長者歡迎。

拓展長者房屋　照顧身心需要

面對人口老化持續上升，房協於2023年落成第三

個「長者安居樂」項目——「豐頤居」，秉持關顧長者需要的主旨，各項設計均仔細考慮長者日常需要，例如樓層加入主題顏色設計方便長者辨認；設置「智能樂齡緊急支援系統」，除了於單位內配備定位系統及緊急支援按鈕，住戶只要於屋苑範圍內，按動配有定位功能的隨身裝置，便能得到適時協助。此外，項目亦引入專業服務機構營運醫療中心、護理安老院舍、復康中心，為住戶及社區提供全面而適切的長者護理服務。

房協亦於現有的出租屋邨引入居家安老服務，於沙田乙明邨以組裝合成法新建的長者房屋項目「松悅樓」，提供64個長者友善設計的出租單位。單位特別

加入多項長者友善的設備，包括坐廁旁及淋浴間設有扶手、防滑浴椅，以及適合長者高度的廚櫃及電掣位。

長遠規劃發展　促進跨代共融

面對人口持續老化，房協團隊經常思考如何協助社區可持續發展。以長者住屋規劃為例，我們由以往單一發展項目的概念，轉為以促進跨代共融社區為目標。筲箕灣明華大廈重建項目是首個實踐這個目標的項目，採用「綜合重建模式」將三種房屋類型融合在同一塊土地上，即包括出租屋邨、「長者安居樂」計劃，以及資助

出售房屋。項目同時加入供不同年齡居民一同使用的設施，促進跨代共融。在未來的屋邨重建項目，我們會繼續以這方向為目標，營造跨代共融的環境。

善用創新智齡科技　發放社區支援

長者房屋是房協其中一個標誌性業務，但我們可提供的單位數目遠未能追上本地長者人口的增長速度，因此房協於油麻地駿發花園設立「長者安居資源中心」，

● 房協位於油麻地駿發花園的「長者安居資源中心」。

為有需要的家庭提供協助。中心除向社區展示長者友善家居設計，亦有職業治療師及社工諮詢服務，為長者及照顧者提供家居改善建議。同時，中心更引入多項先進的樂齡科技產品及設備，介紹予有需要的長者家庭，例如監測長者身體及活動狀況的牀邊安全監控系統、方便長者上落牀的旋轉護理牀、以鏡頭及紅外線偵測長者在家狀況的傳感器，輔以AI分析等。中心透過設置兩個長者友善示範單位，希望讓公眾可以全面掌握如何善用樂齡科技，改善長者生活質素。

「樂齡安樂窩」的共創模式 (Co-creation) 是近年國際大趨勢，強調用家參與以研發更「貼地」實用的產品。中心亦於2022年成立「樂活安居生活實驗室」(Living Lab)，是香港首個及唯一於歐洲生活實驗室網絡 (ENoLL) 註冊的生活實驗室。房協希望把過去多年累積的知識和經驗，包括長者的生活習慣和照顧者的需要，傳遞予技術開發商，而房協的發展項目亦可成為樂齡產品的開發及測試基地。

生活實驗室目前有超過20個不同界別的協作伙伴，來自學術、醫療、創科、研發、社福機構等，亦招募了約120名銀齡人士作為研創專員，親身參與樂

● 「樂活安居生活實驗室」（Living Lab）

齡科技及相關產品的試驗及測試，讓開發商深入了解用家需要，共同研發及創新樂齡產品。

結語

　　要長遠解決樂齡人口的各樣需要，社會必須群策群力，凝聚變革力量。房協希望能發揮示範作用，鼓勵各界一起為香港銀髮一族提供更多長者住屋及服務，讓更多老朋友樂享黃金頤年。

大灣區吸引香港跨境養老的優勢，及未來香港長者服務的發展

陳志育
和悅社會企業主席
香港安老服務協會前主席

在中國，養老服務的發展已經成為一個重要議題，政府和社會各界都非常關注。大灣區作為中國重要的經濟區域，也將會在養老服務方面發揮重要作用。

大灣區對香港跨境養老具有吸引力，灣區的優勢包括優美的生活環境、便利的交通、相同的語言環境、較低的生活成本等。未來，隨着大灣區養老服務的不斷發展和創新，香港的長者將有更多的選擇和機會，享受到更好的養老生活。政府和社會各界也應該共同努力，推動養老服務的改善和發展，為香港的長者提供更好的福利和關懷。

於第八屆黃金時代展覽暨高峰會的「跨境安老創新」這一環節中，嘉賓探討大灣區對香港跨境養老的吸引力，以及未來香港長者服務的發展潛力。隨着大灣區經濟圈的形成，香港的長者們可以在大灣區地區尋找更多的養老選擇，享受到更優質的服務和生活。

以廣州為例，廣州的養老服務經過十多年的發展，已經基本建成了一個完整的養老服務體系。廣州的居家養老服務非常完善，每個街道都設有頤康中心，養老服務的設施就在頤康中心附近，方便長者享受各種社區活動和服務。廣州的養老機構面積相對較大，可提供的牀位數量多，設施也更豐富，例如棋牌室、書畫室、茶室等，能夠提供更多元化的文化娛樂活動。近年來，廣州的養老服務單位也開始提供一站式醫療支援，包括醫務室、護理站、護理院等，甚至與老年病科醫院相結合，提供更完善的醫療服務。廣州的人力資源相對較充足，人員配備更齊全，能夠為香港的長者提供更好的服務和充實的生活。

而與香港一河之隔的深圳，也具備作為香港長者跨境養老選擇的優勢。深圳作為中國特色社會主義先行示範區，在養老醫療方面一直致力於創新和發展。

深圳與香港地理位置相鄰，交通非常便利，這是深圳作為養老選擇的一大優勢。此外，深圳與香港有着相近的文化背景和語言環境，溝通交流非常方便，長者能夠更輕鬆地適應新環境。深圳的生態環境優美，生活配套完善，是一個理想的養生和養老地點。深圳在養老設施建設和配套服務方面投入了大量資源，標準較高，能夠提供舒適和優質的居住環境。此外，深圳的房租和消費物價指數相對較低，消費水平較香港為低，對於長者的經濟壓力較少也是一個優勢。

香港和中國內地的城市間具有互補的優勢。香港擁有先進的經濟、金融和醫療體系，而中國內地則擁有廣闊的土地資源和龐大的市場潛力。這種互補性為兩地合作提供了巨大的機遇。

對於香港的機構來説，到中國內地建設協作安老單位是一個非常有意義的舉措。這不僅可以滿足香港長者尋求更具性價比的養老環境的需求，同時也可以促進兩地城市間的交流和合作。此外，香港機構到中國內地建設協作安老單位，也能夠促進兩地城市的經濟發展。這種合作可以帶來投資機會和就業機會，促進兩地的經濟繁榮。同時，兩地的專業人士和技術人

才可以進行交流和合作，提升彼此的專業水平和服務質量。

此外，大灣區還可以透過科技創新來改善養老服務。例如，智能醫療和居家監護系統，可以提供更有效和便捷的醫療和照顧服務，讓長者能夠在家中得到及時的醫療支援。同時，大數據和人工智能技術可以用於養老服務的管理和預測，提供更精確的服務和個性化的照顧。

未來，香港長者可以透過大灣區的跨境養老政策和措施，享受到更多的福利和便利。政府可以進一步加強和改善香港與大灣區的交通和交流，簡化手續和程序，使長者能夠更輕鬆地在兩地之間遷移和享受養老服務。同時，政府可以加大對養老機構和居家養老服務的資助和支持，提高服務質量和標準，確保長者能夠得到優質的照顧和關愛。兩地機構的合作，相信將能在不久的將來為長者締造更宜居、更具品質的生活模式。

黃金規劃新思維

鄧子平
中銀集團人壽保險有限公司執行總裁

香港從2013年起連續7年蟬聯全球最長壽的地區；平均預期壽命為84.9歲，而香港女性生育率卻只有0.8，低生育率位列全球第一。高平均預期壽命及低生育率，令香港成為全球人口老化程度最高的城市。人口老齡化為未來社會帶來各種挑戰和機遇，雖然影響勞動力、經濟、醫療、社會規劃等議題，但亦成為社會創新和行業發展的動力，同時提升社會大眾對個人退休規劃的認知和行動。傳統的退休規劃已不足以滿足現今退休養老的需要，因此長者和他們的照顧者需要更新思維，及早一起為長者的「第二人生」做出更妥善的規劃和安排。

養老模式新思維

中銀人壽於2023年8月公布的白皮書市場調研結果顯示，雖然73%的受訪長者表示對自己的財務安

排尚算滿意，但他們仍有一定的財務憂慮。大約一半的長者只參考退休前每月生活支出來粗略計算養老儲備，當中更有40%表示沒有計算自己的儲備金額；若健康出現問題時，就可能會影響長者和家人的財政及生活質素。

風險管理是退休養老規劃的重點之一，先管理好健康，再管理退休後的現金流。在健康方面，除了足夠的醫療保障規劃，定期體檢和採取預防保健的措施也同樣重要。而財務方面，應先釐清財務現況，再做好資產配置策略，才能預防周邊風險，做到防患於未然。

大部分長者希望可以居家養老，因此，安全的居住環境對長者的健康和生活至關重要。隨着身體機能退化，長者可能會由生活上完全自理逐漸變成需要旁人協助，到需要長期臥牀和醫療照護時，環境設施和社區支援就變得更形重要，這些支援服務的品質將直接影響長者的健康。此外，隨着科技的發展，人們對樂齡科技的關注也不斷提高。先進的科技既可節省人力，應對人手嚴重不足的問題，又能提升健康和生活質素。未來，大家還需要探索更多元化的科技應用，

再配合適當的培訓，以期提升長者和照顧者對科技的認識和應用，才能推動養老服務的有機轉型。

跨界別合作

養老規劃需要長期部署，同時有賴持續的財務和服務支援。未來，我們可透過跨界別攜手合作，實行「保險 + 服務」這個新模式，推動養老服務產業發展，有助全面提升社會的退休規劃水準和效益。

另外，構建綜合風險評估及管理體系，能協助長者和照顧者管控好財務、健康和環境三大風險，再加上制定風險預防方案和實施計劃，並根據實際情況適時做出調整，才能更好地防控風險。此外，也需要為退休長者推行持續教育以提升其退休規劃的水準，幫助他們了解自己在不同階段的需要和支援，透過持續學習，提升綜合規劃、生活和抗風險的能力。還要加強對居家安老服務照顧者的協助，例如提供一站式有系統的支援，為照顧者提供訓練和學習機會，才能協助他們解決可能會面對的問題。

近年，持續照顧退休社區 (CCRC) 在內地興起，愈來愈多香港長者選擇到大灣區的內地城市享受舒適和低物價的退休生活。透過推進大灣區養老服務協同聯動，鼓勵兩地的相關機構進一步探討，推動大灣區跨境養老服務領域的交流合作，達到優勢互補，提升兩地長者生活和養老服務品質。

家庭規劃

退休養老不僅是長者一個人的事，也是一個家庭整體的規劃和安排。若照顧者忽略了為父母的養老支援提早規劃，當父母不幸遇到重病或意外而需要長期護理或大額醫療開支時，很可能會打亂照顧者自己的退休部署，亦會間接加重子女日後的負擔。因此，我們白皮書的調研結果顯示，35歲至50歲為規劃退休的黃金時期，大家應在這個時期提早按家庭需要進行退休養老規劃——為子女教育及發展作儲蓄、提前部署照顧者自己的退休計劃，同時與父母共同商討退休養老的生活安排。

今天的照顧者就是明天的長者，照顧者要一同參與長者的養老規劃，早作部署，才能享受豐盛的第二人生和退休生活。

退休規劃勿忘通脹

林一鳴
專業投資者及作家

　　隨着理財教育的推廣，很多人都會提早準備退休的財務計劃，為將來的退休生活做好準備。不過近年觀察到一些個案，有些人在步入退休年齡後的實際開支，超出財務計劃的預算，比預期更快用掉大部分退休金，導致財務安排帶來問題，生活也感到彷徨。到底為什麼會發生這樣的情況？

　　要明白問題所在，首先我們先看以下的一個計算案例。假設你今天為30歲，希望在60歲的時候退休，並過着以下生活：

今天市值開支	
• 住20呎籠屋	每月2,400元
• 每天一個兩餸飯盒， 　分兩餐食最便宜的飯盒	每個25元
• 無早餐吃	0元
• 其他雜費	每天10元

假設(i)通脹率=3%　(ii)生活至85歲

要過這樣的退休生活，你在60歲的時候，需要有多少錢？

我曾經在一些講座中問過這個問題，大部分參與者都認為花費的金額應該不多，只需準備數十萬元的退休金，就應該綽綽有餘。但真實的答案，竟然是需要375萬元之多！

為什麼會這樣？按照數字的計算，每月花費只是三千多元，假設退休後從60歲生活到85歲，應該不可能高達三百多萬元吧？當中主要的關鍵，就是每年3%的通脹率 (Inflation Rate) 及0%的名義投資增長 (Nominal Growth Rate)，導致退休金大失預算。

假設通脹率為3%，今天的1元就會等於30年後的 $1元 \times (1+3\%)^{30} = 2.43元$，即是今天只需要三千多元的開支，30年後就會變成八千多元，而且還會逐年遞增。通脹是退休財務準備中必須考慮的問題，例如近年劏房的租金，平均每年升幅高達一成以上，如果在退休計劃中不考慮通脹因素，今天一個兩房單位的租金，在30年後就可能連劏房也住不起了。

所以退休財務計劃的其中一個重點，就是要讓退休金組合的回報率跑贏通脹，讓「實質投資增長」(Real Growth Rate) 變成正數。在數學的計算中，「名義投資增長」是指投資組合在考慮通脹前的增長率，而「實質投資增長」就是指考慮通脹因素後的情況。當中的數學關係如下：

$$1+實質投資增長 = \frac{1+名義投資增長}{1+通脹率}$$

由於通貨膨脹會導致貨幣的購買力下降，因此在計算「實質投資增長」的時候，必須考慮通貨膨脹的影響，否則就可能導致投資收益被高估。例如上述的例子，假設退休金的回報率是0%，通脹是3%，「實質投資增長」就會等於 -2.91%：

$$實質投資增長 = \frac{1+名義投資增長}{1+通脹率} - 1$$

$$= \frac{1+0\%}{1+3\%} - 1$$

$$= -2.91\%$$

這等於退休金每年要承受-2.91%的實質投資負增長，當然就會大失預算了。但如果組合可以取得5%的回報率，通脹率為3%，「實質投資增長」將會變成：

$$\text{實質投資增長} = \frac{1+\text{名義投資增長}}{1+\text{通脹率}} - 1$$

$$= \frac{1+5\%}{1+3\%} - 1$$

$$= 1.94\%$$

如果「實質投資增長」可以達到1.94%，退休金將會從375萬元大幅降至46萬元，金額只是原來的12%，準備的時候就會輕鬆得多了。以下是根據不同名義投資增長與通脹率，計算出來的「實質投資增長」數值：

實質投資增長計算表

通脹率	名義投資增長				
	0%	3%	5%	10%	15%
0%	0.00%	3.00%	5.00%	10.00%	15.00%
1%	-0.99%	1.98%	3.96%	8.91%	13.86%
3%	-2.91%	0.00%	1.94%	6.80%	11.65%
5%	-4.76%	-1.90%	0.00%	4.76%	9.52%

所以我們在準備退休計劃的時候，需要同時考慮「名義投資增長」和「實質投資增長」，以確保投資收益能夠超過通貨膨脹率，從而增強退休金的購買力。

Credits: Jcomp/depositphotos.com

銀髮經濟和銀髮旅遊

Thelma Kay
聯合國亞洲及太平洋經濟社會委員會社會發展部前部長

在亞太地區，預計有四分一人年齡在60歲或以上。隨着人類的預期壽命和預期健康壽命延長，各國正從以保健為中心的銀色產業中獲利。根據世界衛生組織《世界老齡化與健康報告》所言，長者的健康和體能水平也有所提高。這些地區同時受益於人們日益富裕，有更多資金投放於儲蓄和投資。而壽命的延長使儲蓄和投資的積累期也得以延長。因此，老齡人口更有能力為銀髮經濟，包括長者旅遊業，作出貢獻。

銀髮經濟是指在一般經濟中，與長者的需求相關的部分。涉及的行業一般包括保健和健康、護理、住屋、交通、休閒和娛樂。

在銀髮經濟中，長者旅遊所扮演的角色越見重要。長者旅遊的參加者一般都在50歲以上，通常約60至65歲。他們的需求並非千篇一律，而是因應其年齡、經

濟條件和健康狀況等有所不同。市場大致可細分為未來長者、新長者、富裕長者和嬰兒潮一代。不過，一般來說，長者遊客都有一些共性。這些共性包括：已擺脫家庭責任、將旅遊視為對畢生工作的回報、在「通關」（包括受新冠肺炎疫情所限）後作報復性旅遊，以及有閒暇時間和可支配收入。

長者遊客通常有以下幾種情況：單獨旅行、家庭旅行（夫婦或多代同堂），或和朋友、同事旅行。他們可能採用不同的旅行方式，包括自由行（自行安排）、參加旅行團和私人組團。其花費來源可分為：旅客自費、子女或親屬付費（代際轉移）、公司或組織付費。至於旅行的目的，一般分為幾類：休閒、尋求新的體驗、醫療或保健、信仰或靈修、參加特別的活動（如生日、婚禮），或作為自我獎勵。

長者旅遊的益處

有研究指出，長者旅遊能帶來很多益處，其中最重要的是經濟貢獻。儘管資料有限，但根據旅遊業相關的統計數字顯示，在新冠肺炎爆發之前，旅遊業對全球經濟的貢獻率為6%，新加坡為4%，泰國為16%，香港為4.5%。旅遊業還為全球經濟提供了6.6%的就業機會。一項關於新加坡長者消費預算的研究表示，長者將其收入的20%用於休閒。值得注意的是，旅遊的收益比遊客人數更重要，這些收益包括交通、住宿、餐飲、團費，以及旅遊連帶的輔助商品如行李箱，和相關服務如租車等的費用。在亞洲遊客中，購物——尤其是購買旅行紀念品，是一項重要的旅遊支出。

長者旅遊的另一個值得注意的益處是有助改善長者的健康，並提升幸福感，這與休閒娛樂密切相關。而據研究報告顯示，休閒娛樂是絕大多數人旅遊的最重要原因。有研究表明，長者旅遊與較高的生活滿意度和心理健康水平密切相關。長者旅遊有助於身體、精神和認知健康，甚至可以被視為預防性的長期護理。

長者旅遊的另一個重要益處是有助長者減少孤獨感和避免社交隔離。新冠肺炎大流行清楚反映，社會實施封鎖和隔離對人際關係和社區支援的影響，並隨之導致人們出現抑鬱和厭倦生活的情況上升。而長者旅遊正好可以為長者提供新體驗、結識新朋友和建立社會聯繫的機會。

在亞太地區，家庭連繫和對「孝」道的重視依然強大（儘管也正逐漸減弱），多代同堂的家庭旅遊可以加強代際聯繫。有時負責照顧孫輩的祖父母被納入家庭團體中，更有助於加強他們與社會的互惠和交流。

此外，長者旅遊還為長者提供了生存的目標和意義，因為他們在計劃和準備旅行時大多會抱持積極的前瞻性預期。

而且，當旅行結束後，也會有許多活動為長者帶來快樂，如向親友饋贈紀念品、整理照片等旅行的回憶，和在社交媒體等渠道上分享等。

長者旅遊面臨的挑戰

　　然而，長者旅遊也面臨一些發展的困難和挑戰。其中一大重點是法律和行政方面的障礙，如購買旅遊保險、醫療保險、進入設施和參加活動等的年齡限制，70歲以上人士不可參加遊船觀光活動便是一個例子。

● 宣傳單張上可見，活動不接受 70 歲以上人士參加。

此外，在供應方面，如簽證要求、航班數量、接待人員短缺等也造成限制。

至於旅遊預算方面，主要影響對價格敏感的長者遊客。這可以通過推出廉價機票、長者折扣，或提供資助等方式，讓長者更能負擔得起旅遊費用。

另一方面，還需要營造對長者友善的環境，參照世界衛生組織對長者友善的倡議設計城市，做好基礎設施，使用通用設計，並設有輔助設備、無障礙廁所等。在現今不少地方，仍常見到只有上樓可使用電梯，下樓則只有樓梯的設計；另外，有些公共場所只提供蹲式廁所，這對長者來說也是一個挑戰。

交流溝通的障礙，尤其是語言，是長者旅遊被忽略的一環，這方面對於識字程度較低的長者影響更大。而長者未能熟習使用資訊科技也成為他們目前和未來外遊時的挑戰。

長者旅遊的趨勢和變革

在政策層面，長者的權利日益受到關注和認同，各國政府紛紛頒布法規來解決年齡歧視問題。長者旅遊的法律和行政障礙有望得到解決。

無論是國內和國際旅遊業，在國家經濟議程中的地位日益提升，長者旅遊業市場是當中一個不斷增長的部分。各國政府和私營部門正積極採取措施，促進長者旅遊，如設置快速入境通道。

人們逐漸認識到，長者旅遊的益處不僅限於作為休閒和娛樂，還包括多方面，特別是對其身體、精神和認知健康的積極影響。這有助於長者躍動晚年和作為預防性長期護理。

技術和數碼轉型也正持續影響旅遊業，包括長者旅遊。一些具體

的創新科技，包括運用能提供沉浸式互動體驗的擴增實境 (AR) 和虛擬實境 (VR)、手機應用程式、線上平台等。此外，社交媒體和網紅能為人們提供旅遊資訊，並會建立社群，有助鼓勵參與。然而，必須設置保障措施，來保護一些科技知識有限的長者。

近年，長者旅遊業發展的一個趨勢是開發新興市場，如吸引新的國家和新的目標群體，包括富有的退休人士。其次，新的旅遊模式也在推廣，如郵輪、陸路、鐵路旅遊。

其他推廣策略包括鼓勵遊客延長逗留時間、重複到訪，以及與遊客建立更穩固的聯繫。一些國家還採用創新方法促進旅遊業，如通過文化、電影、體育等軟實力的傳播。

此外，有些國家還通過醫療及保健、宗教朝聖等，來吸引長者遊客。眾所周知的例子有泰國為不同國籍的病人提供醫療服務、印度的宗教朝聖等。

愈來愈多不同平台也正在鼓勵長者旅遊。其中包括鄰里社區團體、校友團體、長者組織和長者活動中心，

以及一些私營機構。社會各界正努力讓更多的長者遊客能有機會參與不損害環境、可持續發展的旅遊。

最後，人們逐漸認識到長者旅遊的多面性，這需要通過多方合作的方式（通常由國家旅遊局協調），在政府、不同組織、商業機構和其他合作伙伴的支持下，向社會各界推廣。

第 2 章
健康和醫療保健

醫療變革的切入點

馮康
香港中文大學醫院執行董事及行政總裁

2023年的「黃金時代展覽暨高峰會」的其中一場論壇，主題是「醫療變革」。在整個亞太地區，人口急速老齡化，內地及香港都不能倖免。老齡化對醫療服務尤其帶來巨大壓力，各地的醫療變革，都變得刻不容緩。在推動變革的進程中，各地政府都着眼強化基層醫療服務。大家都知道基層醫療對整個醫療體制的重要性，偏偏這又是最多短板的地方。變革應該怎樣切入、如何推動，成為 2023 年這次論壇的重點。

參與論壇有肩負推動落實《基層醫療健康藍圖》重任的基層健康專員彭飛舟醫生、從醫院管理局退休後擔任醫療集團醫務總監的陸志聰醫生，還有香港浸會大學中醫學系領導建立未來中醫醫院的卞兆祥教授，並由本人負責主持這次論壇。

推動基層醫療，目的是要把市民的健康，由目前以公立醫院為核心、以治療為主導的服務取向，推向以社區為核心、以預防為主導的服務轉型。在這主體方向下，不同的服務提供者，各有不同但又同樣重要的角色。

第一個切入點，無疑是家庭醫生制度的建立與發展。家庭醫生在保障個人健康方面的重要性，在社會上已經受到普遍的認同。但一直以來都發展不起來，有很多原因，其中包括市民對家庭醫生功能的了解和信任、很多家庭醫生在社區裏個人執業而不容易協調、慢性病增加給患者帶來長期經濟負擔等。因此，政府需要不同的政策工具，把各種障礙逐一破解。這些工具的重中之重，是政府透過策略採購及建立基層醫療名冊，促使市民和家庭醫生建立長遠的關係，資助慢性病患者的長期藥物，整合過去已經投放的各種資源（如長者醫療券、疫苗注射、大腸癌篩查等）。

第二個切入點，是社區資源的協調及運用，包括中醫中藥、社區藥房、社會服務中心，及在社區工作的各種衛生工作者（如護士、藥劑師、物理治療師等）。政府是希望地區康健中心能夠發揮協調的角

色。但這其實很難，像中醫中藥，大多數西醫都缺乏認識，市民也是一知半解。卞教授指出浸會大學經過多年研究，以循證醫學為原則，確定了中醫中藥在 30 多個病種的臨牀功效，尤其在疾病的預防、康復、減少復發等方面。至於社區藥房，也是一直以來被忽略的角色。要解決這些問題，對不同社區資源的了解和角色配置、訂立標準、決定優次，從而把不同資源納入疾病的防治模式，是必要的步驟。

第三個切入點，是公私營醫療的協調。基層醫療以私家醫生為主體，確立公私營醫療協作的必要性。兩者之間的關係，應該以互補為前提。政府可以透過策略採購或其他政策手段，加強私營醫療在預防醫學的角色，包括身體檢查、疾病篩查、疫苗注射、慢性病防控等。這些預防醫學的服務，不一定要調撥公帑，僱主及企業的資源也非常重要，但必須有政策的支撐及推動。

從論壇總結出三個切入點，希望能夠加深大家對基層醫療的未來發展及醫療變革方向的了解。

「Swallowing Gym 吞嚥健身室」
——用遊戲訓練口肌能力

陳文琪
香港大學教育學院副教授、香港大學吞嚥研究所所長

廖梓泠
香港大學吞嚥研究所言語治療師

吞嚥與日常生活息息相關，除飲食外，亦是社交、節日慶祝、宗教活動中不可或缺的一部分。吞嚥困難是指在吞嚥過程中出現問題，是長者中一種常見的狀況。如發現長者出現經常流口水、吞嚥時咳嗽、吞嚥後聲線混濁、吸入性肺炎、脫水或體重下降等症狀，就需要向言語治療師諮詢。吞嚥困難可引致體重減輕、營養不良、吸入性肺炎，甚至窒息，令長者不能享受吃喝的樂趣，大大降低生活質素。

香港大學吞嚥研究所的研究結果顯示，在香港有高達六成在安老院舍的院友和四成在日間護理中心的長者都有不同程度的吞嚥困難。隨着年齡的增長，與

吞嚥相關的肌肉可能會變弱，從而增加吞嚥困難的風險。除此之外，吞嚥困難亦多與其他疾病相關，如中風、認知障礙、頭頸癌和柏金遜症。研究發現，雖然吞嚥及口肌練習能有效提升長者的吞嚥能力和肌肉力量，但因缺乏動力及專業人員從旁指導，或未能得到所需訓練設備，以致長者未能經常進行訓練。我們最近的研究顯示，長者使用遊戲練習比觀看傳統短片更有動力完成口肌訓練，並願意主動進行更多練習。

過去三年疫情為長者的生活帶來不少轉變，同時亦成為讓長者熟悉科技應用的契機。現時，不少長者在使用手機或平板電腦時都顯得得心應手，經過簡單教導後都能獨自使用遊戲程式進行口肌練習。有見及此，香港大學吞嚥研究所在2023年8月

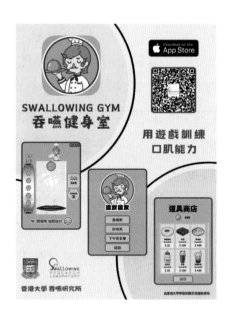

推出了手機及平板電腦應用程式「Swallowing Gym 吞嚥健身室」（以下簡稱「吞嚥健身室」），讓大眾

免費下載，旨在提供長者一個方便、有趣的平台每天進行口肌練習，並得到表現的實時反饋，希望有助激勵長者恆常、獨立和準確地進行口肌練習。

倘若吞嚥困難人士的口肌能力較弱，就有機會出現流口水、進食時不能將食物保留在口中咀嚼，令食物流出的情況。「吞嚥健身室」內有三個小遊戲訓練嘴唇肌肉：

- 「食塊餅」：練習「哝」嘴動作，嘴角向左右兩邊「哝」起「食餅」，愈開愈好；
- 「飲啖茶」：練習「嘟」嘴動作，嘴唇向前「嘟」起「飲茶」，愈前愈好；
- 「下午茶全餐」：練習前兩個動作的協調，連續做出「哝」嘴和「嘟」嘴動作。

  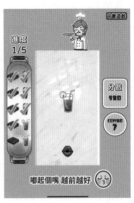

> 小提示：
> ① 記得每次完成動作後都要放鬆嘴唇，才會
>   出現下一塊餅／下一杯茶。
> ② 每次練習需時至少 15 分鐘，建議練習時
>   使用 iPad 支架，輕鬆玩遊戲！

　　每個遊戲均設有三個難度等級，每個關卡都有不同的食物或飲品，玩家需要完成五組練習後才能開啟下個等級。玩家每次做出練習動作都會得到實時反饋，從而得知有否達到要求「過關」。除此以外，為了提高練習的動力，玩家每完成一組練習後都能賺取金幣，在道具商店中購買自己喜歡的食物和飲品進行練習，例如葱油餅、年糕、珍珠奶茶等。另外，在玩遊戲的同時，「吞嚥健身室」亦會自動記錄練習次數及相關難度設置，讓言語治療師能輕易了解長者在家中練習的情況，從而作出調整。既能方便長者不用手動記錄練習次數「交功課」之餘，言語治療師亦能準確掌握練習進度。

「吞嚥健身室」推出至今，在不同界別中得到不少正面迴響，亦有言語治療師已將「吞嚥健身室」應用在日常訓練中。香港大學吞嚥研究所期望將來能推出更多與吞嚥相關的遊戲練習，希望這些遊戲能夠納入長者的日常活動中，為長者提供更多資源，並加強支援吞嚥困難人士，與各界分享研究成果。

歡迎透過右方二維碼在Apple App Store免費下載「Swallowing Gym 吞嚥健身室」應用程式：

參考資料：

1. Hägg, M., & Anniko, M. (2008). Lip muscle training in stroke patients with dysphagia. *Acta oto-laryngologica, 128*(9), 1027–1033. https://doi.org/10.1080/00016480701813814

2. Li, C. M., Wang, T. G., Lee, H. Y., Wang, H. P., Hsieh, S. H., Chou, M., & Chen, J. J. J. (2016). Swallowing training combined with game-based biofeedback in poststroke dysphagia. *PM & R: The journal of injury, function, and rehabilitation, 8*(8), 773-779. https://doi.org/10.1016/j.pmrj.2016.01.003

3. Pu, D., Chan, K. M. K., Kong, B. M. H., Wong, M. C. M., Murry, T., & Yiu, E. M. L. (2015). Prevalence and risk factors for geriatric dysphagia. In *Congress of the European Society for Swallowing Disorders, ESSD* 2015.

香港長者牙科服務的挑戰與機遇

張啓遠
「寰宇希望」高級服務經理
「抗癌會」社企共同創辦人
香港註冊社工
死亡學院士 (ADEC)

　　牙齒及口腔衛生是每一個長者可否有健康身體的重要因素之一。許多文獻顯示口腔健康與其他病症有密切關係，如認知障礙症、肌少症等。可惜，香港口腔衛生教育及服務暫時未能在社區廣泛推廣，引致很多長者不懂得做好口腔衛生護理及處理口腔問題。

牙科服務需求與供應

　　據衛生署2011年調查，接近50%非居住院舍的65至74歲長者均患有蛀牙、牙瘡或口腔發炎。每10名65歲以上的長者，就有4名擁有少於20隻真牙（即少於一半真牙），人數超過75萬人。隨着人口老化，長者牙科服務需求更大，可是現時公營牙科服務供應

不足，政府牙科診所主要為公務員及家屬服務，並只為公眾提供脫牙和止痛服務。私人牙科服務又昂貴，一般長者難以負擔。估計約有超過25萬名貧窮長者未能負擔私營牙科服務。

要處理龐大牙科需求，「增強口腔保健意識，聯合社區牙科資源」是牙科服務未來的願景，但要做到此目標，當中的變革將會牽涉兩大部分：

1. 推廣口腔衛生基層醫療

現時衛生署的口腔健康教育事務科有推出不同的計劃，推動口腔健康，如全港愛牙運動，會教育市民刷牙、使用牙線等技巧。可是，大部分市民對他們的推廣手法不感興趣，也沒有實體活動可以參與，令市民無法在此運動中改變他們的口腔衛生習慣。

放眼其他亞洲地方，有不同的協會在政府的支持下推廣口腔衛生工作，而且非常成功，如社團法人台灣口腔照護協會，他們舉辦不同的活動，讓市民了解自己刷牙的問題，改善刷牙的動作，清走牙齒上的牙菌膜。他們也舉辦培訓課程，教育照顧者如何協助有需要人士護理口腔衛生。

在香港，「寰宇希望」由2019年開始到長者中心及社區中心為基層長者及基層家庭進行牙科檢查和口腔衛生教育工作。大部分長者中心每年都有參加寰宇希望牙科檢查活動，活動評估中發現有65%長者因參加牙科檢查活動後，開始建立每年到牙科診所洗牙的習慣，令他們可維持口腔健康，減少高昂牙科手術開支。

2. 結合各界資源支援基層長者牙科服務

雖然牙科服務昂貴，但香港資源豐富，再加上社區牙科資源未有有效使用。因此，只要結合非牟利組織 (NGOs)、社區牙科服務、慈善基金會及現行政府牙科津貼，可以提供有效的牙科治療服務給予基層長者，解決他們的牙科問題。

由2024年開始，為期兩年的慈善牙科項目「悅齒計劃」(The SMILE Project) 由淨緣慈善基金策動，明愛香港主辦及執行；撥款資助單位共四個，包括淨緣慈善基金、傅德蔭基金有限公司、嘉里控股有限公司及維拉律敦治•荻茜慈善基金。項目主要為年滿55歲或以上之低收入中高齡人士提供一次性全額資助牙科保健計劃，當中包括口腔檢查、口腔衛生指導、X光檢查、牙體修復（補牙）及非手術性脫牙。

項目期內於寰宇希望、仁濟醫院、港安醫院-荃灣及基督教家庭服務中心等全港約20個牙科診所，以慈善價格為共2,500名低收入中高齡人士進行牙科保健計劃。

讓我們為香港長者提供一個口腔健康友善的社區，一起維持口腔健康！

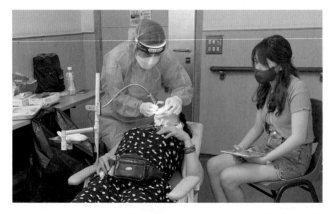

● 牙醫為長者檢查口腔狀況。

● 社工為長者介紹牙科資助資訊及轉介服務。

中大可穿戴強力人工外肌肉 (XoMuscle)

湯啟宇
香港中文大學生物醫學工程學系教授

　　腦中風被認為是全球導致殘疾的主要病因之一。腦中風後，患者的肢體活動受限，影響獨立生活，患者的身心以及家庭均遭受重大打擊。物理治療和職業治療都是被廣泛接受和應用的復康治療方法。鑑於治療師人手所限，無法每星期為患者提供足夠訓練。近年，復健機械人技術成為研究熱點，此技術目的是透過使用機械人來幫助治療師更有效地對患者進行密集、重複性的復康訓練，不少文獻中亦證實使用復健機械人進行復康訓練能達到一定的康復效果。然而，現有的復健機械人一般使用金屬等硬材料製造，不僅體積龐大，而且笨重，大大限制了患者自身的主動參與。此外，復健機械人的結構複雜，價錢昂貴，使機械人只能局限於醫院使用，無法惠及到個人用戶，使其臨牀效果也存在一定的局限性。

　　有見及此，香港中文大學生物醫學工程學系的研究團隊提出了一種仿生的氣動人工外肌肉，它由仿生繞線的方式交叉纏繞在氣管的表面坑紋上，從而在氣管充氣膨脹時高效能地向內拉動絲線，使人工外肌肉收縮。基於這種特殊的結構，中大的仿生氣動人工外肌肉在各方面的表現都超越了人類原本的骨骼肌。仿生氣動人工外肌肉的收縮率是骨骼肌的150%，在相同橫切面面積下，仿生氣動人工外肌肉的力量更是骨骼肌的200%，而效率更達到了骨骼肌的175%。根據測試，一塊橫切面面積僅10平方厘米的人工外肌肉可輕鬆提起重達20公斤的水桶（見左下圖）。與現有的人工外肌肉相比，中大的仿生氣動人工外肌肉具有更高的收縮率、功率和效率，是全球唯一在表現上全面超越骨骼肌的可穿戴人工外肌肉。同時，由於其模組化的設計和仿生繞線的結構，此仿生氣動人工外肌肉與人體相容性極高，可以像衣服一樣穿

● 使用人工外肌肉輕鬆提起重達 20 公斤的水桶。

着在身上，輔助全身不同關節的活動，如肩膀、手肘、手腕、髖關節、膝關節、腳踝，甚至腰背和頸部，這不單可以幫助各種損傷的患者進行復康治療，使他們能恢復到與正常人差不多的活動能力，更可幫助他們重建自尊心和對生活的信心。

由中大的仿生氣動人工外肌肉製作成的可穿戴強力外肌肉 (XoMuscle) 不僅獲得美國專利：US11788562B1授權，更在2023年日內瓦國際發明展中榮獲評審團嘉許金獎及特別獎。XoMuscle的設計和表現獲得國際同行的廣泛認同。

與此同時，中大正在進行臨牀試驗。如下圖所見，在過程中，中風患者轉動前臂並將放置在桌上的木塊拿起等日常生活訓練。根據臨牀試驗結果，進行十次，每次一小時的訓練後，患者在不需要穿戴XoMuscle的情況下，已經可以回復一些日常生活常見的動作，例如使用手機、倒水到水杯等，由此證明XoMuscle在復康治療方面確實帶來康復效果和生活的改變。

除此之外，我們也為大規模量產XoMuscle研發了自動化高效率的繞線機，僅需5分鐘即可完成製造

度身訂製的人工外肌肉，從而廣泛惠及腦中風患者，帶來希望與幫助。

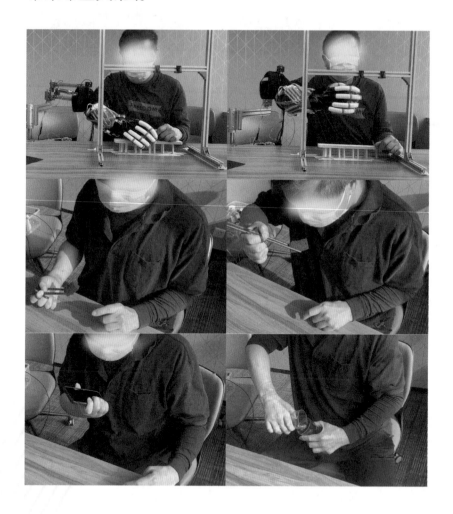

旅遊業與醫療保健的結合

Gengpong Tangaroonsanti
泰國 Chersery Home International 醫院創辦人及行政總裁
泰國長者健康服務和貿易協會主席

醫療旅遊是指個人因健康和醫療原因出國，它的出現可追溯到很久以前。泰國由於所處的地理位置和作為旅遊勝地，其醫療保健業的發展速度比其他國家更快。每年有超過100萬的遊客來到泰國接受醫療服務或進行手術。而創新長者旅遊是指以新的理念、方法和技術，提升長者的旅遊體驗。隨着全球人口老齡化，長者在旅遊業中的地位日益重要，因此愈來愈需要創新的解決方案來滿足他們的獨特需求和喜好。

醫療旅遊協會 (The Medical Tourism Association) 是醫療旅遊領域的知名組織之一，它為行業提供教育、研究和交流機會，其工作重點是向醫療遊客推廣高品質的醫療保健服務。據協會估計，全球約有1,400萬人有醫療旅遊的需求。根據2020-2021年的醫療旅遊指數 (Medical Tourism Index，

MTI) 顯示，泰國在醫療旅遊方面的收益在全球46個國家中名列前5位，總金額達12億泰銖，約2億5千多萬港元。選擇到泰國接受醫療服務的旅客中有56%是為了獲取更好的服務品質，22%是因為服務價格合理，18%是為了尋求原居國沒有的治療方法，而最後10%是為了縮短在原居國的排期等候時間。

在新冠肺炎大流行期間，旅遊業（包括長者旅遊）發生了巨大變化。泰國與許多其他國家一樣，採取限制國際旅行等措施，以控制新冠肺炎的傳播，這成為了經濟下行的因素。其實在2019年之前，泰國便已和全球許多國家一樣，進入了老齡化社會。在新冠肺炎之前，許多外國人便已開始來到泰國，享受優質的醫院（包括私立和公立醫院）服務。而隨着2021至2022年全球各地推行新冠疫苗接種計劃後，泰國亦重新歡迎來自外國的醫療遊客。在後疫情時代，人們對健康教育和健康問題的關注有所提高。而説到長者醫療旅遊，泰國的私立醫院確實大放異彩，其醫生和其他醫務人員均受過良好的培訓，掌握最新的治療技術和方式。而且，不僅醫生和工作人員會講基本的英語，醫院甚至還設有一個國際專櫃，主力通過公關行銷計劃向國際醫療遊客推廣泰國的醫療服務。

在這方面，泰國政府也扮演着重要的角色。目前，泰國已建立起一個全面的醫療保健網絡，由醫院、復康中心、水療中心、附加療法/替代醫學、東方醫學等組成，政府計劃發展從健康宣傳、預防、治療到復康的一站式醫療服務，滿足醫療遊客一切所需。同時，泰國政府計劃在2026年將外籍病人的醫療簽證延長一年，為醫療遊客提供長期住院和高價值服務，遊客可以應用監測健康技術，在泰國獲得更好的長期護理。為推動長者旅遊，泰國政府支持業界在生活科技和食品方面創新，如鼓勵商界企業加大研發創新食品，包括益生菌飲料或長壽食品的投資。政府以一個嶄新的醫療旅遊概念「Relax, Retreat, Rehabilitation, Rejuvenation」（放鬆、休養、復康、重獲新生）引領長壽旅遊，從長遠來看也能促進國家經濟的發展。

此外，長者健康服務和貿易協會 (Senior Health Service and Trade Association, SHSTA) 等民間組織亦配合政府政策，協助推廣長者健康資訊，並與泰國內外的公立和私營部門進行協調，促進跨界別合作，亦是推動泰國長者旅遊業發展的助力。

Chersery Home International醫院作為國家醫療旅遊保健網絡的一員，也期待迎接來自世界各地的醫療遊客。這是一家擁有20張牀位，專為長者而設的醫院，於2022年1月通過了JCI長期護理標準認證。醫院提供長期和亞急性照護，及短期和中期治療計劃。作為一家長期護理機構，該醫院的病房按照適合所有人的通用設計理念建造，提供全面的醫療護理和復康計劃。該醫院擅長物理治療和職業治療，此外，還提供提升認知能力和復康門診 (CERC)。

至於擁有60張牀位的高級療養院「THE SENIZENS」，除了物理和職業治療外，還提供音樂治療、寵物治療和日間照護服務等多種服務，以及在曼谷療養院中獨有的水療和血液透析門診服務。療養院的護理人員和醫療專業團隊訓練有素，致力以同理心和尊重的態度提供最高水準的護理服務。此外，在制定治療計劃時，院方更會特別注重以病人和其家庭為本。

最後介紹的是居家護理服務「Harmoni Homecare」。此服務是把專業護士和護理人員送到病人家中，提供每天24小時的照顧服務。護士共分為註

冊護士、執業護士和護理員三種。即使是獨自留在泰國的外籍病人，也同樣能獲得全面的照顧。家居服務內容包括傷口護理、物理治療、職業治療等。此外，我們還與泰國的豐田公司合作，推出長者交通服務。

筆者相信，上述服務是促進泰國經濟和推動長者旅遊的重要組成部分。如果想加強泰國成為長者醫療旅遊目的地，業界需要專注發展高價值的醫療服務，創造獨特性，如綜合復康和替代醫療，促進長期逗留/護理，發揮泰國文化和精神的軟實力。其次，還需與航空公司、酒店、保險公司等商業伙伴合作，提供醫療保健和長者旅遊的綜合套餐。此外，還需要推廣護理和治療標準，為目標人群尤其是長者和醫療遊客提供卓越的醫療護理。最後，我們應推動有助於健康監測和個性化規劃、食品創新、健康體檢和精準醫療的醫療技術及創新。

第 3 章
智齡科技的發展和應用

善用科技 建設樂齡社區

黃廣揚
物流及供應鏈多元技術研發中心 (LSCM) 行政總裁

　　物流及供應鏈多元技術研發中心 (LSCM) 一直致力於研發適合不同行業應用的創新技術，而樂齡科技是中心的重點研發範疇之一。同時，LSCM亦一直積極推動長者服務相關機構，如醫院、長者護理院舍等，及相關從業員，如物理治療師等，在日常工作中應用創新技術，減輕從業員的工作量，提升效率，讓他們可投放更多資源為服務使用者提供更個人化的服務，提升服務質素。LSCM相信，將科技普及應用於業界及社區可便利長者的生活，提升他們的生活質素，讓他們保持身心健康。

遠程復康訓練平台系統

　　過去幾年由於新冠肺炎疫情，大部分保健護理或復康訓練中心暫停開放，使很多長者及有需要人士未能得到所需的護理服務。因此，LSCM研發「遠程復

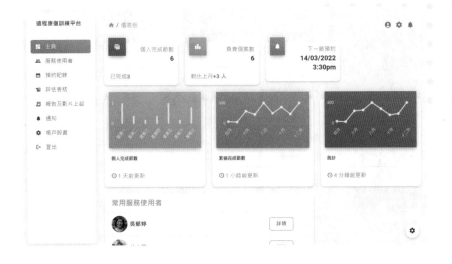

康訓練平台系統」，讓不同的遠程服務供應商、非牟利團體和治療師聯繫和協作，為長者及有需要人士提供保健護理或復康訓練服務。這平台尤其適合一些行動不便的長者，讓他們不需要親身到達保健護理或復康訓練中心，亦能獲得適切的遠程服務，在時間上亦更易於安排。

使用 ChatGPT 的長者聊天機械人

此外，LSCM亦研發了一系列長者適用的機械人技術，適合應用於業界及社區。一些長者的生活可能不如年輕時般繁忙，漸漸疏於接觸時事及生活

資訊，有時或許會對新事物失去興趣，長遠而言會影響身心健康。因此，LSCM應用人工智能技術及自然語言處理技術，研發聊天機械人，讓長者可與機械人聊天，傾談在日常生活上遇到的趣事，並發掘新事物。這個聊天機械人可以根據長者發問的問題即時上網搜尋實時資訊，例如為長者就消閒活動的選擇提供建議、協助長者搜尋醫療相關的資訊等。長者透過與機械人聊天，可直接進行互動式溝通，而不需要操作電腦。聊天機械人應用ChatGPT技術，操作簡單，有助長者適應科技應用，提高他們的自信心。

長者服務機械人

　　除了長者聊天機械人外，另一個由LSCM 研發的長者服務機械人，亦特別加入互動功能，適合於長者護理院舍中應用。長者服務機械人配備血壓和心率監測裝置，可用於監察長者的健康狀況；相關數據可作為一個有用的健康指標，提醒他們關注身體狀況，方便長者自我監測，亦讓照顧者、護理人員獲得相關數據，協助制訂健康管理方案，為長者提供更好的照顧。此外，這機械人亦備有朗讀報紙的功能。由於閱讀報紙是一些長者接觸社會時事的主要渠道，但一些長者由於身體機能退化，在閱讀報紙時會倍感吃力；而長者服務機械人可以為視力欠佳的長者朗讀網上報紙，讓他們即使足不出戶也可緊貼社會脈搏，提升對社會時事的認知，保持對生活的動力。

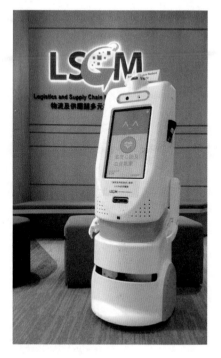

自動隨行送餐機械人

LSCM研發的機械人除了可與長者互動外，亦可協助工作人員運送物品。LSCM應用超寬帶和視覺技術研發自動隨行送餐機械人，機械人可以運載重物，並自動跟隨工作人員在室內，以至戶外行走，提升效率。此技術適用於醫院、護理院舍或社福機構等，護理人員或照顧員可以利用機械人於工作間及院舍協助運送重物，機械人甚至可跟隨工作人員於社區內運送膳食予有需要人士。機械人能協助工作人員更高效地完成常規的運送工作，節省大量體力勞動及時間。

Robo-9：為視障人士而設的傳感器融合技術

不少長者面對視力退化的問題，他們獨自出行時一般會遇到不少困難。而Robo-9是LSCM專為視力欠佳的人士研發的輔助工具，提高他們的活動能

力。這機械人備有檢測移動中的物體、避開障礙物、路徑規劃及導航定位等功能，利用同時定位與地圖構建 (SLAM) 技術，透過傳感器獲得周邊環境信息，協助使用者隨意行走和到達指定的目的地。它由兩個部分組成：手杖和底座。手杖

內部透過觸覺反饋 (Haptic Feedback) 發出警示，並作為控制中心，發出向左、向右、直行和停止等指令；而底座內部則放置了不同的傳感器，有助於決定轉動角度和速度，協助使用者輕鬆出行。

關於 LSCM

　　物流及供應鏈多元技術研發中心 (LSCM) 於2006年成立，由香港特區政府創新及科技基金撥款資助，並由香港大學、香港中文大學和香港科技大學協辦。中心旨在提供一站式應用研發及技術轉移服務，鞏固本地物流和相關行業的發展，並加強業界與研發機構在應用研究方面的合作，為業界和社會帶來具意義和影響力的效益。詳情請瀏覽網址：www.lscm.hk。

私營院舍智齡科技支援計劃

岑諾恆
黃金時代基金會創新服務經理

　　過往疫情肆虐，黃金時代基金會於2022年開展「黃金時代『疫』風同行支援計劃」，除了為中小型私營院舍派發防疫物資，及召集專業人士為院舍提升院舍感染控制，本會也有在計劃中投放智齡機械人「金醫生」支援院舍運作。

　　本會在「疫」風同行支援計劃過程中，發現智齡科技能協助院舍減輕營運壓力，但同時亦發現院舍職員對智齡科技的知識貧乏，智齡科技應用於香港養老市場並未普及，故此要讓營運者善用智齡科技於院舍中，是一個艱難的課題。有見及此，本會於2022年10月，展開為期一年的「黃金時代私營院舍智齡科技支援計劃」，揀選4間中小型私營院舍作為試點，目的為了提升私營安老院舍的服務質素及落實應用智齡科技，從而建立一套可持續、有系統的智齡科技應用方案。透過是次計劃，本會最希望能夠讓公眾人士了

解到智齡科技落實使用的可行性，從而讓智齡科技普及化。

「金醫生」

在過往的先導計劃中，本會了解到智齡機械人「金醫生」能夠有效協助院舍減輕人手壓力，因此，是次計劃繼續投放「金醫生」於院舍，使用其定時巡邏噴灑消毒功能，為院舍進行感染控制。隨着計劃步入疫後階段，本團隊了解提升院友心理健康十分重要，故此在這計劃中，團隊配合使用了「金醫生」更多娛樂功能於長者日常生活當中，例如讓他們觀看串

流影片及播放音樂。此外，於「黃金大使」的義工探訪活動中，義工會配以「金醫生」娛樂功能，例如音樂播放、卡拉OK、對話、視像、遊戲功能等等，協助長者建立正向心理。

「金叵羅」及認知訓練和認知障礙評估應用程式

根據研究，大約有90%的認知障礙症患者，在疾病發展到某一階段會出現不同程度的行為和心理症狀，被稱為「行為和心理症狀」（Behavioural and Psychological Symptoms of Dementia, BPSD）。這些症狀是認知障礙症患者在思維和行為方面出現的問題。症狀的嚴重程度會因患者的類型和疾病階段的不同而有所差異。

因此，本會於計劃中向每間院舍提供5個仿真嬰兒「金叵羅」（見右頁圖）給予有行為問題的認知障礙症院友，透過非藥物治療讓他們能夠減少行為問題的出現次數，期望使用者減緩腦部退化。結果顯示「金叵羅」對於一系列行為問題，包括情緒、睡眠，以及難處理的攻擊性行為、言行失控等都有顯著成

效。院友會把「金叵羅」視作真嬰兒一般耐心照顧，在照顧「金叵羅」時，他們能更好地控制情緒，減少不良的言行，亦能更好地照顧自己。

　　除了利用「金叵羅」協助認知障礙症患者預防退化，本會還利用認知訓練和認知障礙評估應用程式，透過遊戲讓院友訓練六大認知能力，包括專注力、記憶力、眼手協調、執行功能、語言和視覺空間。使用過程中，本會提供大型輕觸式屏幕，讓院友可以較容易參與訓練遊戲。此外，此應用程式更會提供認知能

力報告，讓院舍職員可以監測院友認知能力狀況，從而更針對性地安排院友訓練個別領域的認知能力。

跌倒偵測系統

院舍負責人表示由於夜班人手短缺，長者有較高的跌倒機會，我們了解到院舍並未裝有監控長者跌倒的系統。故此，本計劃為每間院舍提供一套以人工智能偵測

跌倒的系統，主要安裝在洗手間或與護士站距離較遠的房間，讓職員可以及時應對長者跌倒的情況。

是次計劃結果反映院舍職員對智齡科技的應用態度正面。透過計劃，他們可以嘗試應用多元化智齡科技，加上項目專業團隊的技術支援，幫助他們了解院舍自身的不足。調查結果顯示職員了解如何運用智齡科技來提升工作流程非常重要，科技可以幫助提高效率和準確性，同時也能夠減少人力成本。對於科技的優缺點，職員都要有充分的了解，他們認為一些「貼地」的科技可以幫助院友更方便地使用各種設施和服務，提升院友的生活福祉。

此外，通過計劃我們亦發現必須要各方面專業人士、服務使用者、安老服務從業員一同為有需要人士，合作研究使用智齡科技的流程，方可讓智能科技更普及、應用更「貼地」。智齡科技普及化的目標是實現技術的民主化，讓更多人從中受益，並為社會帶來更大的價值。隨着科技的不斷進步和創新，相信智齡科技將在未來更廣泛和普及應用。

調教金仔計劃

陳淑芬
黃金時代基金會護理顧問

背景

　　隨着「疫」風散去，安老服務面對重重的挑戰。在疫情期間，長者常常感到孤獨無助，甚至出現社交孤立的情況，昔日多姿多采的生活已不再復見，導致長者在疫後認知障礙的情況急劇增加。加上本港正在進入科技化世代，金齡人士也要與時並進，學習使用智齡科技，為自己的晚年做好準備。

目的

　　黃金時代基金會有見及此，與日本電氣香港有限公司 (NEC) 合作，於2023年7月推出為期半年的「調教金仔計劃」。隨着年月過去，金齡人士終有一天也會成為銀髮一族。本計劃希望金齡義工能透過「助人自助」的模式，令他們能及早應用科技支援弱老，亦能提升照顧年長家人的技巧。金齡義工「領養」陪伴

● 陪伴機械人
「金仔」

　　機械人「金仔」後，在朝夕相處的情況下，能深入了解「金仔」；此外，透過對「金仔」的「調教」，讓金齡義工日後能提供更精準及符合長者需要的智齡科技服務，豐富他們的人生。同時，接受服務的長者可以透過與金齡義工及「金仔」的互動，進行簡單的訓練，並讓他們感到愛與關懷。

計劃內容

　　本計劃安排黃金時代基金會的專業護士及社工團隊，探訪長者日間護理中心及房協「長者安居樂」的長者。團隊首先了解各長者的護理及社交需要，接着訓練10名對智齡科技有興趣的金齡義工。除了培訓他們如何調教「金仔」——熟習它的運作及功能外，還包

括與長者的溝通技巧，對認知障礙症患者的照顧和活動計劃秘訣等。護士及社工在金齡義工為每位長者調教「金仔」的活動模式及內容時，還與他們商討長者的護理及社交需要，以期達到全人護理的果效。

● 義工和「金仔」到院舍為長者提供服務。

10名義工共探訪了40名患有輕度、中度及嚴重認知障礙的長者，當中有部分長者表示自己感到孤獨和無助。我們安排每位長者進行6次活動，當中包括記憶訓練、簡單運動及懷舊金曲對唱等，並以「今昔香港」為題，由「金仔」聲音導航，帶領長者及義工進行互動交流及傾談。

成效

　　是次計劃的成效主要可分為「BACKS」五方面：

B (Behavior) 行為：

　　在計劃中我們發現金齡義工在「領養金仔」後，他們願意為其設計和安裝各種程式，對其進行適當的「調教」，讓「金仔」變得多才多藝，令活動更活潑、更多元化。而我們也觀察到受訪長者在活動期間均積極參與，與「金仔」進行互動及傾談。

A (Attitude) 態度：

　　在計劃的活動中，我們發現金齡義工和受訪長者均有互動和傾談，長者喜歡金齡義工為他們「調教」的活動，尤其是進行簡單運動及互唱懷舊金曲。金齡義工在

活動中得到正面回饋，令他們更努力「調教金仔」。在6次活動中，金齡義工及長者已建立互信關係，雙方均期待每次的探訪活動。長者更會與家人分享活動中的點滴，有金齡義工同行，長者孤獨感明顯減輕。

C (Condition) 狀況：

人無完美，「金仔」也是。在計劃中，「金仔」偶爾也有失靈的情況，例如：系統故障或未能接收長者的聲音等。金齡義工反映，如果「金仔」的反應流暢，可以讓長者更能投入智齡科技活動，相信能提升長者的自信心及自我價值。此外，若長者家人能一起參與評估，相信金齡義工更能掌握長者的喜好，從而能「調教」出更合適的活動。

K (Knowledge) 知識：

參與計劃的所有受訪長者均從未使用「金仔」或其他智齡科技，本次計劃增加了長者、其家人及金齡義工對智齡科技的認知，以及使用科技的信心。此外，他們更樂於在群組中分享使用其他智齡科技的便利，他們相信科技是協助長者的工具，只要能好好運用，就能貼合長者的需要。

S (Satisfaction) 滿意度：

參與計劃的受訪長者、其家人及金齡義工均對計劃表示滿意。長者尤其喜愛做運動、唱歌及跳舞等活動，感到很新奇和有趣。另外，長者對金齡義工的探訪也感到滿意，認為能讓他們在沉悶的日子中感到人間有愛。

本計劃的成功有賴金齡義工對「金仔」的「調教」有方，智齡科技是否能廣泛地使用，真的有賴使用者「調教」精準，用得其所，多花心思於活動設計中。「金仔」不但能拉近長者及義工的距離，減少長者的孤獨感，更能讓金齡義工與時並進，及早裝備自己，為進入科技化的晚年作好準備，迎接豐盛快樂的人生下半場！

激發創新思維應對社會老齡化

梁渭聲
必靈科技有限公司首席執行長

在2023年的黃金時代展覽暨高峰會中，四家公司——博歌科技有限公司、必靈科技有限公司、安達思系統有限公司和織暖有限公司——共同展示了一套創新的長者服務系統，為參觀者展示了其廣泛的應用領域，並為業界和各方持分者創造更多改善長者服務的機會。這項合作計劃也激發了創新思維，以應對社會老齡化的挑戰。以下將介紹這個令人期待的合作項目。

博歌科技有限公司的技術專長與應對人口老化的重要性

博歌科技研發的Temi機械人是此次合作的核心。博歌科技意識到老齡化社會帶來的挑戰，並致力於應對這個問題。他們的技術專長為開發面向長者族群的智慧機械人提供基礎，讓機械人能為長者提供更好的

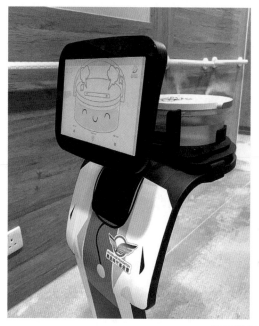

● 黃金時代基金會運用 Temi 機械人化身「金醫生」於安老院舍服務。

照顧和支援。這種創新將激發業界的想像力和創造力,為高齡化社會帶來新的解決方案。

必靈科技有限公司的貢獻與人口老化的安全問題

必靈科技研發的「科靈－人工智能光學跌倒偵測系統」為應對人口老化所帶來的安全問題,提供了重要的解決方案。日常生活的跌倒能對行動不便的長者構成嚴重的健康風險,若長者跌倒後未能即時被發

 第 3 章：智齡科技的發展和應用 ▎101

現，延誤治療有可能導致傷勢加重，後果不堪設想。該公司運用光學雷達技術，能夠準確地識別和監控跌倒事件，並及時採取緊急措施。光學雷達技術具有高精度和即時性的優勢，能夠有效辨識跌倒並減少誤報率，提供更可靠的安全保障。

安達思系統有限公司的創新解決方案與人口老化的照顧需求

安達思的「遠端居家照護系統」為應對人口老化的照顧需求提供了創新的解決方案。隨着長者人口的增加，照顧資源的需求也日益增長。透過系統的遠端監控和照顧功能，家屬和照護人員可以遠端關注和照顧遠方的親人。這種創新設計激發了業界對於提供更便利和高效的老年照顧服務的興趣。

織暖有限公司的創新技術與人口老化的舒適需求

織暖的「暖之織」產品為滿足長者的舒適需求提供了創新技術。長者對於保持溫暖和舒適的需求更加迫切，尤其是在寒冷季節。透過智慧發熱衣技術，他

們提供了個人化的溫度調節功能，滿足長者的特殊需求。這種創新激發了業界對長者舒適需求的關注，並為提供更好的舒適生活體驗創造了機會。

合作計劃的社會影響

透過將Temi機械人與「科靈跌倒偵測系統」和「遠端居家照護系統」結合為互助方案，可以在院舍中發揮更大的功能，提供更全面的護理和支援。

Temi機械人是一種智慧機械人，具備語音辨識、導航和人機互動等功能。它可以在院舍內巡邏，監測長者的活動，並在需要時提供即時的幫助和支援。當跌倒偵測系統偵測到跌倒事件時，Temi機械人可以立即前往該位置，提供援助、呼叫緊急救護或通知家屬。這種結合可以大大縮短應對跌倒事件的時間，提高應急處理的效率，並減少潛在的傷害風險。

此外，Temi機械人還可與「遠端居家照護系統」連接，實現家庭與院舍之間的即時通訊和監控。家屬可以透過遠端應用程式或平台與Temi機械人進行語音或視訊通話，了解長者的狀態並提供支援。

　　三套方案的結合可以提供全方位的照顧和監測，幫助長者在院舍中享受更安全、便利和舒適的生活。同時，它也減輕了護理人員的負擔，提高了護理效率和品質。

未來展望

　　這種合作計劃可望在老齡化社會中產生深遠的影響。隨着長者人口的增加，對於高品質的護理和支援的需求將不斷增長。透過整合不同的創新解決方案，我們可以建立更具智慧、更有效率的護理系統，提供個人化的護理方案，並提高長者的生活品質。

　　此外，這類合作計劃還將鼓勵業界與各持分者進行更深入的合作，共同應對老齡化社會所面臨的挑戰。透過跨領域的合作，可以整合不同的專業知識和技術，提供更全面、多元化的解決方案，以滿足長者的多樣化需求。

　　未來，我們可以期待更多類似的合作計劃出現，不斷推動老年護理領域的創新和發展，以提高長者的生活質量，並實現更人性化的老年護理服務。

「智齡世代大獎」表彰卓越服務、產品及計劃

蕭希婷
黃金時代基金會推廣及合作經理

　　為推動智齡城市在亞洲的發展，黃金時代基金會舉辦第二屆「智齡世代大獎」(2022)，旨在表彰為黃金一代帶來優質、享有獨立和有尊嚴的生活的傑出服務、產品及計劃，藉此促進創新的理念和行動，重塑未來智齡城市。第二屆智齡世代大獎分為四大類別（康健服務及優質生活、生活及時尚、養老護理，和社交及社區參與），以及「智齡世代推動先驅」大獎，得獎隊伍及簡介如下：

康健服務及優質生活

　　金獎得主為「全境智能有限公司」，同時獲得「智齡世代推動先驅」大獎。得獎方案為「非接觸健康檢測技術」，該技術是基於最先進的人工智能和信號處理技術，只需透過普通鏡頭，便可在30秒內提供

具有醫療級準確性的用戶健康數據，例如心跳頻率、呼吸頻率，以至血壓和壓力指數等。用戶可通過不同裝置內的相機（例如智能手機或平板電腦），隨時隨地遠程監控健康，重新界定健康監測和管理的理念。

銀獎得主為「衛晉創新科技有限公司」，得獎方案為「長者綜合臥牀生命徵象監測系統」。該系統是一個小型生物傳感器盒（硬件），透過非侵入式和非接觸式的檢測，可以偵測心衝擊圖(BCG)信號，從中我們可以推斷出長者在牀上的狀態和活動情況，並持續收集有關長者在休息時間的生命體徵和運動的信息。

銅獎得主為「智能多維數據分析研究中心有限公司」，得獎方案為「CIMDA關護」，是一個專為長者設計的全方位數碼陪伴系統，包括提醒、運動、

娛樂、對話四大功能。提醒功能以鬧鐘提示長者服用藥物；運動功能以鏡頭偵測實踐專利的三維人體骨骼偵測技術，提供運動指導及改善建議；娛樂功能以自然生動的虛擬角色，配合卡拉OK及音樂呈現舞步；對話功能以自然語言處理技術進行語音識別及互動對話。透過以上不同的功能使長者用戶及其看護者、家人、朋友，還有醫務人員受益。

　　優異獎為「香港理工大學」，得獎方案為「一站式認知障礙症長者的治療性音樂律動程式」。這是一個治療性的音樂律動程式，運用擴增實境遊戲(AR)，激發長者參與的興趣並加強互動。程式結合動作感應技術偵測，藉由雲端智能平台收集長者的健康狀況和參與程度，根據實證數據調整合適的音樂律動及改良課程。程式內的智能平台載有培訓手冊電子書、辨識使用者的無線通訊技術(RFID Card)及Android Console音樂律動電子系統，便攜式設計讓使用者能夠靈活安排訓練及使用。長遠而言，這種可攜式音樂干預方案，可持續為患者、照顧者、社福機構等提供專業支援，達到更廣泛社區應用。

生活及時尚

　　金獎得主為「香港中華煤氣有限公司」，得獎方案為「智安心明火煮食」。為支援長者保持明火煮食的習慣，而又使長者及家人（或照顧者）更安心，煤氣公司自主研發智慧煮食爐、智能控制器和智能煤氣錶，加入物聯網 (IoT) 技術。其中智能控制器可連接用家現有煮食爐（不需要更換爐具，更環保），用戶可透過手機監察煮食爐情況，並可隨時隨地遙距緊急關火，正正切合長者居家安老的需求。

　　銀獎得主為「日本電氣香港有限公司」，得獎方案為「NEC居家養老解決方案」。「NEC居家養老解決方案」及「NEC社交機械人」互相連接，為長者提供全方位實時檢測系統，包括：實時跌倒檢測、智能牀墊檢測、大門開關感應、火爐長期高溫偵測及水浸

偵測等安全監護服務，從而提升長者的生活質素，分擔照顧者在家的照顧工作。

銅獎得主為「賽諾家居用品（深圳）有限公司」(Sinomax)，得獎方案為「樂桑榆•長者臥室」。方案使用最新MVATM科技的光合美夢煥顏機、賽諾音波牀墊、電動牀架、賽諾記憶棉枕頭，以及華為鴻蒙Harmony OS平台。從光線、聲音、氣味、觸感等多方面出發，提供完整的睡眠質量改善方案，以期為老齡人士打造一個細菌更少、空間更清新、寢具更體貼的臥室空間。

優異獎得主為「為家系統有限公司」，得獎方案為「智能復健管理系統」。該系統是一個簡單及無需接駁手機，並有聲效提示去提醒長者參與運動的儀器。治療師可以使用手機應用程式，讀取各種運動儀器每天的數據，有效知道長者有否進行運動，並據此調節療程。

養老護理

　　金獎得主為「必靈科技有限公司」，得獎方案為「科靈－人工智能光學跌倒偵測系統」。該系統使用非鏡頭光學雷達偵測跌倒姿勢，實時感測洗手間的使用狀態。雷達若偵測到使用者跌倒，能夠即時通知管理系統，並以警示燈及響鬧裝置發出通報，以便職員和管理人員得知意外發生，立即了解情況，及作出即時反應和救援，避免延誤治療引致傷勢加劇或致命的風險。

　　銀獎得主為「博愛醫院」，得獎方案為「照顧‧無界限－認知障礙症照顧者支援計劃」。這項由博愛醫院與慈善機構「大銀」合辦的計劃是透過人與科技的結合，加強了人與人之間的聯繫。機構在旗下的實

體中心「照顧者花園在美孚」舉辦多元化的活動，為認知障礙症人士提供健腦活動及暫託服務，亦為照顧者提供喘息空間。此外，機構亦設計手機程式「啱傾」，提供線上支援，能在保障私隱的情況下，讓互不認識的照顧者暢所欲言，亦可為疲於奔命的照顧者於短時間內掌握各種照顧資訊。

銅獎得主為「香港大學秀圃老年研究中心」，得獎方案為「賽馬會e家易離院支援計劃」。該計劃提供一站式網上平台，為參與者獲取全面的老年評估 (InterRAI)，根據評估結果自動生成報告，以助制定個人護理和出院計劃，亦能用於協助醫療服務提供者協調及管理患者和護理人員的醫療服務，促進多學科團隊協作。

優異獎為「和悅社會企業（和悅會）」，得獎方案為「主題長者日間中心」。和悅會在旗下不同地區的長者日間中心，打造嶄新的環境體驗，包括以「咖啡廳」為主題的長沙灣中心、以「懷舊社區」為主題的馬鞍山中心，和以「樂園」為主題的元朗中心。除環境體驗之外，機構樂於促成與社區的連繫和合作，致力為中心內的長者提供非一般的服務體驗。

社交及社區參與

金獎得主為「創啟社會科技有限公司」，得獎方案為「第一身視覺智能眼鏡遙距旅遊」。此方案利用全球首款智能眼鏡——悅聲智能眼鏡 (WeVoice Glasses)，結合人工智能技術，幫助視障人士或長者閱讀文字、識別鈔票和顏色。

銀獎得主為「香港理工大學護理學院及博愛醫院」，得獎方案為「針對認知衰弱長者的虛擬實境運動認知訓練」。這是一個具有雙重任務（運動、認知）的沉浸式虛擬實境鍛煉系統，目的是提高認知衰弱長者的認知能力和身體功能。系列運用互動式虛擬實境遊戲，模擬華人長者日常生活的各種活動情境，來鍛煉長者認知和身體功能，使長者能夠把所學技能轉移應用在現實中，維持獨立自主生活的能力。

銅獎得主為「樹譜族科技有限公司」，得獎方案為「『一里路』計劃 ──為獨居長者多行一里路」。此計劃中的「智能家居醫療保健平台」，背後的核心技術是利用尖端物流技術和生成人工智能來改善社區護理資源的配置，為老年鄰居提供方便、可靠、負擔得起的家庭醫療服務，從而解決就地養老的長者所面臨的挑戰。

　　優異獎為「香港智能物業管理學會有限公司」，得獎方案為「樂齡智能家居計劃」。此計劃利用「智慧樂齡護理監控系統」，監控樂齡傳感器設施，在危機時提供有效且即時的處理措施及通知家屬。

了解更多：

https://goldenage.foundation/zh-hant/SAA2022/showcase

第 4 章
永續人才發展

創新改革打造幸福安老行業

連舜香
日本命力健康食品有限公司創辦人及執行董事
中小企可持續發展學會創會會長

安老服務業人手長期不足，院舍人手短缺問題面臨「爆煲」邊緣，同時面對人口老化、疫情及移民潮的夾擊，服務需求大增，我們需要破格思維，前瞻規劃，否則將會直接影響服務質素，也直接影響長者晚年的生活質量。希望大家一同探討如何透過創新改革，打造一個幸福的安老行業，吸納更多人才以解決人手不足的問題。

創新環境改刻板印象

本書的主題是「靈活創新」，護老行業應以此為方向，引入新鮮感和創新元素，進行一場大革新。首先，我們可以從營造一個充滿幸福感的環境入手，以休閒度假的感覺，如日本、北歐風格的環境佈置，並增加合適的運動設備、露天茶座和美容按摩服務等設施，打造一個舒適又時尚的院舍，讓子女安心，長者

稱心。此外，我們還可以與不同機構或學院合辦多元化的長者活動，讓年輕人和長者共處，互相學習和交流，提升長者的自我價值；並定期舉辦情懷活動，增進院友間的情誼，讓院舍成為一個幸福之家，徹底改變過去的刻板印象。

重塑行業形象　提升專業價值

安老護理工作普遍工時長、體力要求高，同時社會存在偏見，因此，我們需要重塑行業的正面形象，例如增設獎項以嘉許傑出優秀員工，提升同事的滿足

感，並肯定他們的貢獻，這將有助於提升團隊精神和士氣，讓安老行業成為一個令人自豪和滿足的事業。同時，我們可以採用「智齡科技」，善用人工智能和創新科技減輕工作負擔。智齡科技提倡運用大數據分析、機械人技術等創新科技，提升長者護理服務，以改善長者生活質素。這樣的努力將有助於打造行業的未來，建立品牌形象，吸引更多人才加入。

吸納新人才並提供發展機會

改變管理思維也是重要的一步。我們需要吸納新人才並為他們提供良好的發展機會，推動行業專業化，並設立晉升階梯，讓年輕人看到前景，並吸納更多新人才進入行業。除了專業人員，我們也可以吸納和善用本地的金齡及退休人士、小數族裔、內地人才、殘疾及復康人士等，多元化招聘策略將有助於解決人才荒缺的問題。

跨界別合作帶來新機遇

跨界別合作也是一個重要的策略。我們可以推行「先入職，後培訓」計劃或半職工作實習計劃，讓有志成為護士的年輕人，先到院舍擔任護理員，邊做邊

進修，並與不同的院校和社區組織合作，提供職業轉介服務。這樣的合作可以為年輕人提供職前培訓，方便他們在畢業後，再跳到其他醫療機構工作，並讓年輕人能夠在行業中探索自己的興趣和潛力。同時，我們也可以加強香港與其他地區的交流和合作，吸引外籍人才來港工作，豐富人才底蘊，以紓緩人手壓力。

良好的工作文化吸引婦女入行

為了吸引更多婦女入行，我們可以提供彈性上班安排，建立健康良好的工作文化，並為員工提供在職培訓和考取資歷的機會。同時，我們也應該重視員工

的意見，建立團隊精神，讓每個人都能感受到自己的價值和貢獻。更可建立共融機構文化，讓不同背景的員工能夠共同發展和成長。

最後，政府在永續人才發展方面扮演着關鍵角色。政府可以提供相應的獎勵和補助措施，鼓勵企業和機構提供更多的培訓和發展機會。同時，政府也可以制訂相應的政策和法規，保障安老服務業的工作環境和福利待遇，吸引更多人才加入行業。

透過創新改革，我們可以打造一個幸福的安老行業，提升長者的生活質量，解決人手不足的問題。創新環境設計、多元化活動、重塑行業形象、吸納新人才、跨界別合作和提供彈性上班安排，是實現這一目標的重要策略。我們應該共同努力，為長者提供一個舒適、有尊嚴和有意義的晚年生活，同時吸引更多人才加入這個有意義的行業。

從智齡實驗室實踐人才永續

黃惠娜
黃金時代基金會行政總裁

　　全球為了搶人才各出奇謀，安老服務向來已經人手不足，在大環境不利因素影響下，更是雪上加霜。疫後，政府透過「修例」嚴厲處理院舍牌照監管，在硬件、軟件上就通風設計、人均面積及護理人員人手比例有新的修訂。本來配以放寬輸入外勞的條款，似乎對安老院舍產業質素有正面的影響，但奈何結果不似預期。行業發展響應鼓勵「大灣區」養老等政策，令不少早年來港發展私營安老院的營運者，帶着在香港營運的經驗，回歸祖國發展大灣區安老服務。香港安老產業究竟何去何從？如80年代工業轉型一樣，連服務帶長者全面北移？或是重新定位再出發？

　　黃金時代基金會於2022至2023年間，於4間私營安老院設立智齡實驗室，就科技應用、院舍工種、技術裝備及引入「新人力資源」作試驗，成效顯著。本文就「人力資源」管理分享經驗，綜合有以下幾點至為重要：

知人善任

　　首先，我們把安老院舍工種分拆。院舍環境與其他大小企業相同，有很多瑣碎工序，低技術且重複，例如定時消毒、定時量度生命表徵、定時巡查等，這些工種可由「智齡機械人——金醫生」取代完成。但重點在於誰人培訓機械人？在機械人「不聽話」時由誰處理？當發現院友異常時，由誰跟進？為此，我們訓練了一批「黃金大使」（Golden Buddies）和「小金醫生」義工，他們分別是一群45歲以上、對科技應

● 「小金醫生」義工

● 機械人「金醫生」
及「黃金大使」義工

用較為熟悉的金齡人士，以及一群熱心的中小學生。他們能配合團隊充當橋樑角色，令「科技」真的可以減輕院舍職員工作。其中一名職員接受媒體訪問時分享：「『金醫生』不會因為忙而忘記工作，我們少了壓力，因為有『他』幫忙。」

知己知彼

本會因應上述的試驗項目需聘用有經驗的「護航者」，包括護士、社工、市場推廣及技術員。我們選用了創新的「配對」方法，因應不同員工的家庭需要提供彈性安排，例如要照顧年幼子女的兼職同工，可以在子女考試時留在家中工作，其子女放假時亦可讓他帶回公司任小義工；要照顧年老親人的兼職同工，則可以在需要時回家處理年老親人的突發安排。「家庭友善」不止於彈性上班時間，更不是節流的方法，它是新一代斜槓族（Slasher）的招聘模式。只要我們掌握這群人力資源的特質，從而配對合適的工作時間，透過知己知彼的彈性安排，才能釋放這群隱藏的勞動力。其實這亦是為何規模較小的公司，大多數到擴充後就留不住人才的原因，大規模的公司往往受「制度」所限，很多時會忽略員工的個別需要。

志同道合

員工是最強獵才顧問。同工若感受不到僱主的關顧，他們絕對扮演不到關懷天使。以同工為核心，從他們角度出發，每個員工也是最強獵才顧問，他們會跟身邊人分享工作的苦與樂，磁場能吸引同類型的團隊。是次項目最後我們聘用了約10名不同職級的「護航天使」，分佈於37間私營老人院，當中他們的年幼子女亦成為我們第一代的「小金醫生」，影響了超過100名義工投入服務。

「人才」在不同時代都是缺乏的，「世有伯樂，然後有千里馬」，伯樂與千里馬是互為因果。在今日，安老產業面對前所未有的龐大需求，我們與其只着眼在慨歎沒有足夠人力資源，不如把所需工作抽絲剝繭，把金齡群組特性拆解，把自己用人的心態再調節，不難發現處處也有「千里馬」。我相信土生土長的香港人仍希望在熟悉的地方退休、養老，黃金一代絕對願意在這個人力市場供求失衡的狀態下回歸職場，重點在於能否平衡其生活質素及工作意義。

持續人才發展

任影嬋
職業訓練局副執行幹事

應對人口老齡化　重塑未來智齡世代

作為香港最大的職業專才教育機構，職業訓練局 (VTC) 一直致力為年輕人及在職人士打造升學銜接及進修階梯，透過提供適時適切及具質素的職專教育及培訓課程，為業界培育優質人才。

配合樂齡社會的人才需求及行業發展，VTC積極向年輕新一代推廣長者安老及護理服務，鼓勵青年人投身專業，並推動數碼科技，包括在健康管理及樂齡服務等應用智能科技。

多元專業課程　培育行業專才

VTC致力為本地安老服務及長者健康護理業培育專才，透過提供高級文憑課程，為業界培育生力軍；並提供在職培訓，提升在職人員的專業技能，促進行業的持續發展。

VTC開辦一系列高級文憑課程，包括復康服務、應用營養學、醫療保健、綜合社會及健康服務等，涵蓋不同醫療護理相關專業範疇。

這些高級文憑課程除了為學生提供行業所需知識與技能外，亦透過實習及服務項目，促進學生對長者的健康護理、醫療保健及社會服務等領域的專業知識。

高級文憑課程畢業生專業幹練，知識與技能兼備，能力備受業界肯定。許多畢業生投身公營、私營或非牟利機構及慈善組織，從事醫療護理人員、配藥員、樂齡科技助理等不同的專業工作，發揮所長，成為護理服務業專業人員。

職專學生創新方案 建構智齡城市

時代不斷進步，智能科技以創新方案令長者活出獨立自主，締造活力十足的樂齡人生。VTC學生與畢業生積極回饋社會，設計多項創新方案，建設「齡活」香港。以下是一些例子：

智能巴士站

「智能巴士站」系統，讓候車乘客只須通過應用程式選擇巴士編號，系統便會提醒司機停站上客，解決雙方因看不清而搭錯車及飛站的問題。

「智能巴士站」項目於市區重建局及VTC合辦的創意工程及建築設計比賽中獲得金獎及最佳創意設計獎，及在由VTC、香港總商會、生產力促進局合辦的「創建香港智慧社區」項目獲得銀獎。

智情志盛──認知障礙症長者訓練系統

　　「智情志盛」是一套由創新及科技基金贊助，專為認知障礙症患者而設的數碼訓練軟件。

　　軟件的個人化設計，讓照顧者可以根據患者的需要，設計合適的遊戲，訓練患者上肢能力及認知能力。

XR沉浸式技術的認知復康訓練系統

　　這套應用延展實境的訓練系統，以地道文化及富趣味的認知訓練遊戲，如「找找麻將」、「街道剪影」等，訓練長者的記憶力、執行能力和集中力。

智安居偵測系統

　　這個家用輔助系統，透過物聯網(IoT)和傳感器技術，監測家中電器、煮食爐及水龍頭等運用時的狀況，減低長者發生家居意外的風險。

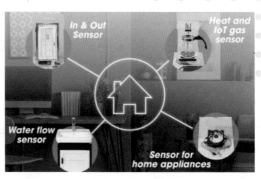

　　只要預先在長者家居的不同位置，安裝各種感應器，便能監測不同設施的使用量及環境數據。當系統偵測到異常活動時，如爐具未關上，安裝在家中的信號燈便會發出警示，提醒長者有發生家居意外的風險。同時雲端系統亦會向看護人員發出手機信息，提醒他們長者的家居設施有異常使用的情況。

互動耆趣遊戲

　　VTC學生亦運用創新科技，如擴增實境 (AR)、虛擬實境 (VR) 與混合實境 (MR)，設計專為長者而設的互動遊戲，鍛煉長者的肢體能力及記憶力。

　　如「防跌易」流動應用程式，便利用有趣的體感運動遊戲元素，向長者提倡防跌運動意識，指導長者在家中進行康復運動，增強下肢力量，訓練平衡技巧，減低跌倒的風險。

　　而腦部訓練應用程式「記憶森林 - 多媒體體感互動版」，則結合科研與遊戲，為患有肢體協調及認知障礙人士提供訓練。

　　另一項與業界合作研發的「街市虛擬實景體感遊戲」，則讓長者根據指示完成任務，並學習健康飲食，藉以訓練長者的認知能力及運算能力。

共建長者友善的智慧城市

　　長者是家庭和社會的瑰寶,期盼社會共同發揮力量,推動香港成為有長者參與、長者友善的智慧城市,讓每一位長者都能輕鬆地使用數碼科技,建構香港成為樂齡城市。

達人秀・人生夢

關仕明
黃金時代基金會前副主席

前言

我們在人生成長的過程中，各階段都會有些不同的夢想，但很多時候，會因為各種原因，使夢想未能即時實現，隨着歲月流逝，但仍難以忘懷。如果有朝一日，終於因緣和合，使夢想成真，便可以終生無憾。

2023年黃金時代展覽暨高峰會的壓軸節目「閉幕環節：香港達人秀」，是精彩人生的訪談分享，多位背景不同的星級嘉賓，回顧和反思人生尋夢的心路歷程，坦誠自我剖析，訴說動人故事，內容發人深省，非常有啟發性，當然值得我們再看和深思。本篇文章的主旨，就是嘗試將各人分享的精華選出，方便大家欣賞、反思和互勉。

緣在曲中

資深演藝工作者謝雪心女士（心姐）11歲便開始學戲，踏入恩師的師門，全心全意學習各種不同戲曲，不斷尋求演藝上的突破。

心姐回顧往事，覺得自己在每個人生階段中，都仍有可以改進的地方。她曾經覺得只要自己安排得好，愛情是可以與事業並重的，所以心姐在很年輕時便決定結婚，並沒有認真考慮到恩師栽培的苦心。到後來決定復出時，心姐最難忘的，便是恩師當時的反應。「仙姐（白雪仙）、任姐（任劍輝）兩位首先互相對望，任姐跟着說：『好啦，我們的心願已了。』這句話令我感觸良多，明白我曾經很傷她們的心。」心姐衷心直說。

快樂共舞

　　資深演藝工作者及專業心理治療師胡美儀女士（美儀姐）在57歲時，心靈上並未能感覺到平安快樂，所以她便尋求心理輔導老師的幫助和引導，協助解決問題。後來美儀姐將自己的體驗，寫成《快樂與我共舞》一書，並到大學修讀心理輔導課程，以期更深入認識如何移除心理的障礙和進行輔導工作。

　　美儀姐很樂意重述丈夫當年鼓勵她的話：「我見過你做不同的工作，回家時最開心的，便是做完輔導。不如你放下唱歌，做你最開心的一份職業。」美儀姐雖然鍾愛心理輔導的工作，但仍然很不捨得完全放棄唱歌，所以最終決定將唱歌和心理輔導結合在一起，產生雙重效應，在心理輔導時使用歌曲軟化人心。

科學思維

　　香港天文台前助理台長梁榮武先生（武哥）坦言退休時，並無特別的規劃，本想隨遇而安，做一些喜愛的事，包括開發農場和學習唱歌。但因為朋友的邀請，改為到大學授課、演講分享和在電視台主持天氣科普節目《武測天》等工作。

武哥很想向香港市民，特別是青少年，灌輸一些科學思維相關的知識。「我想退休之後，做一些我自己喜愛同時對社會產生影響的事。」武哥強調說：「並不是想每個人都成為科學家，我只想人們在思考時，學會用科學的思維。」

憑聲完夢

胡百全律師事務所合伙人魏嘉信律師 (Cris) 回想當年往事，曾經因為事業剛剛開始，要作出取捨而放棄參加非常有興趣的歌唱比賽，心裏實在非常後悔，但因為當時要為生活拼搏，唯有放棄追夢。

近年因緣際會，適逢電視台舉辦《中年好聲音》歌唱比賽，Cris終於決定踏出人生重要的一步，毅然報名參加，他覺得如果再不把握機會，便會對不起自己。「純粹因為我真的很喜愛做這件事，如果今次再不去做，便沒有機會，同時亦希望為自己着想。過往在生活上，很多時是為着別人開心，但是忽略了自己。」Cris盡情地說出他的心底話。

人生感悟

聽過這些精彩的人生故事後，心裏很自然地湧起一些感應和反思。我們作為「黃金一代」，亦應該探索如何能夠活好當下，同時展望自己的人生前路，希望在將來的歲月裏，能夠繼續過着有意義和豐盛的人生。

各位嘉賓雖然目標不同，其實都在尋找有意義的人生，而大家的共通點，便是在於能夠使「自己開心」和「幫助他人快樂」。換言之，「我樂」加上「他樂」，便是人生最有意義的事。

心姐醉心粵劇，年輕時因為結婚而暫離演藝事業，雖然當時自己很快樂，但卻傷透恩師的心，其實這是「我樂」但「她們不樂」的境況。幸好後來心姐重出江湖，除繼續完成自己的心願外，更能使恩師釋懷，家庭與事業並存，終生在演藝中尋求突破。

美儀姐修讀心理輔導課程多年，將自己親身的體驗和經歷，發展成唱歌以外的另一番事業。在幫助他人解決心靈問題的過程中，美儀姐自己亦有所得着，同時幫助到自己，能夠「助人自助」，並將喜愛的唱歌，融入心理輔導中，兩全其美，當然「我樂、他樂」。

武哥滿足於推廣科學思維的工作，因為可以在青年人的心中，種下將來萌芽的科學思維種子。武哥從天文台退休後，亦全心全意投入推動環保和氣候變化的工作，幫助市民提高對全球暖化問題的認識，利眾助人，造福社會。

Cris在日常生活中，很多時希望使他人開心，但忽略了自己的感受，所以雖然對唱歌非常有興趣，但亦曾經給自己太多藉口，未有正式參加比賽。最終因緣際會，才成功踏出重要的一步，成為《中年好聲音》的一分子，使人生更加精彩。

我們要明白人生的哲理，其實可以在日常生活中觀察、吸收和領會，「聞、思、修」便是基本的學習過程。既然有緣聽「聞」各位嘉賓的人生體驗，便可以嘗試「思」考其中的內容和意義，看看有沒有值得學習的正見和真理，如果覺得適合自己的便要開始「修」習，試行實踐和驗證。

總結

　　《論語》中的「己欲達而達人」是個將心比己的偉大宏願，亦是同理心和慈悲心的顯現，但如何將「達己」的「我樂」和「達人」的「他樂」互相配合，變成人生最有意義的事，亦非常值得我們深思。但願這次「達人秀」的啟示，會變成「人生夢」的開始。

後記

　　在日常生活中，如果能夠將「我樂」加上「他樂」，必定是人生最有意義的事。這個「我樂、他樂」概念，是我隨緣跟從廖垣添醫生的妙善分享中學習，獲益良多，終生受用。大家如果希望有進一步的了解，可以收聽右方連結的電台網上廣播分享。

了解更多：

1. 2023年黃金時代展覽暨高峰會
   「閉幕環節：香港達人秀」影片
   https://youtu.be/dFwbE6sN1YQ

2. 《人生的意義：廖垣添醫生》電
   台廣播節目錄音
   （廖垣添醫生是《一位西醫生所
   認知的菩提大道》一書的作者）
   https://bit.ly/3JPofNT

第5章
社會凝聚力和包容

迎接高齡化挑戰
創造無限新機遇

江志恒
稻苗飲食專業學會主席

　　近年，東南亞地區的退休人口持續增加。根據香港政府統計處推算，預計到2046年，居港人口將會達至819萬，而65歲及以上人口佔總人口的比例將由2021年的20.5%增至36%。這意味着65歲及以上的人口將由現在的每5人中有1個增加至每3人中有1個。

　　高齡化帶來了各方面的社會問題，但同時亦為市場創造了新的機遇。不少退休人士具有豐富的人生閱歷，也具備一定的經濟能力，他們對生活有着一定的要求，尤其在飲食方面。黃金時代基金會副主席杜錦然曾提到，餐廳菜單內有為兒童特備的菜式，卻為何沒有為長者去烹調的菜種，好讓他們在用餐時保持尊嚴，得以享受進食時的樂趣。這其實是一個被飲食業界忽視的新機遇。隨着老齡人口的急劇增加，業界應從需求出發，推出針對中年或長者的餐飲照顧，例如

提供適合他們口味、口感和營養需求的菜品。同時，我們也可以為他們提供特別的用餐體驗，讓他們享受進食帶來的樂趣。

除了照顧長者餐飲需求外，高齡化亦帶來了勞動力下降的挑戰。退休人士當中，其實有一部分人仍然具有工作能力，並且希望繼續投入社會工作。為了解決勞動人口減少的問題，我們需要為這些退休人士創造更多機會，讓他們能夠延續自己的專業，展開退休後的新里程。以新加坡為例，他們近年積極鼓勵中年或退休人士轉型，學習成為咖啡師。透過逆向思維，為這些人提供全新的事業發展機會。

香港可以借鑒新加坡，飲食業界可以在食品製造和供應鏈管理方面，充分善用長者豐富的人生經歷和專業知識，讓他們參與食品製造的研發和創新，除了能開發出符合中年和長者需求的健康食品，亦能釋放勞動力。此外，我們還可以推動相關培訓和教育計劃，如烹飪課程、餐飲管理培訓和創業指導等，為中年和退休人士提供機會進一步學習和發展專業技能，從而增加就業機會和創業能力。

● 稻苗飲食專業學會主席江志恒參與第八屆黃金時代展覽暨高峰會。

　　以上舉動不僅可以為餐飲業創造更多的機會，同時也幫助政府紓緩勞動人口短缺所帶來的壓力，有助於建立一個更具包容性和持續發展的共融社會，也能讓每個人在不同的人生階段都能享受到高質素的生活。

本會認為在面對人口老化的挑戰時，政界、學術界、商界和社會各界應該攜手合作，制訂相應的政策和措施，創造一個充滿機遇和尊嚴的環境，讓中年和退休人士能夠繼續參與社會事業。希望大家能一同建立一個關愛和尊重每個人需求的飲食環境，讓我們能積極應對人口老化帶來的挑戰，並將之轉化為機遇，助退休人士展開新的生活。

「中高齡飲食設計」在大學校園的社會實踐

王蓓芸

台北市立大學聰明老化跨域創新中心執行秘書

中正大學成人及繼續教育研究所博士生

現況分析

根據台灣行政機關統計推估，2015年至2050年期間，60歲及以上人口的比例預計將從12%上升至22%。台灣為迎接超高齡社會到來，面對人口高齡化衝擊與影響，政府、業界和學界實應攜手合作。台北市立大學聰明老化跨域創新中心為近期新進駐團隊，相較於服務其他弱勢、失能中高齡者的機構，最主要為宣導「聰明正向老化」之新觀念，目標建構高齡教育機構 (Elder Education Institute) 學習基地，倡議高齡者的學習權，落實健康老化願景。

聰明老化在台北

本中心由大學專業知能師生構成專業團隊。結合附近鄰里資源及具實務經驗的社區機構，整合長

者、家庭、學校、社區等生態圈，融合大學教育、社會參與及社區深耕。目前已整合台灣教育部「樂齡大學」、台北市政府（簡稱「北市府」）教育局「樂齡學堂」、北市府社會局「社區關懷據點」（C據點）、北市府社會局「長青學苑」等長者專案計劃。透過模組化課程設計與實踐，讓已經離開職場的長者仍有機會體驗大學生活，維持終身學習。同時個人化的健康促進活動，能讓長者和他人持續建立社會連結，以活化身心，享受老年生活。

健康餐盒的緣由

台北市社會局推展「老人共餐」計劃，期許「里里有共餐」，讓長者聚集在某一個場合不限形式共同用餐，其最重要的精神在於「陪伴」。在衛生福利部「長期照顧十年計畫2.0」的基礎下，通過「共餐」讓長者走出家門，讓他們能聚在一起聊天，彼此關懷。台北市立大學屬下的聰明老化跨域創新中心響應計劃，加入共餐行列，以先前與本校健康促進中心合作辦理近四年教職員工之「營養餐盒」經驗為基礎（見後頁圖一），設計「中高齡飲食設計——健康餐盒」活動（見後頁圖二）。

● 圖一、餐盒實照範例

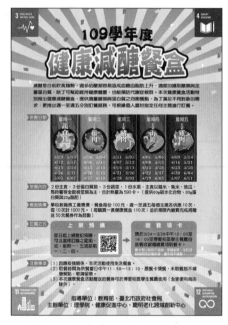

● 圖二、健康餐盒宣傳海報

　　為了鼓勵長者走出家門進行共餐，本中心同時參考一般長者院含日間托育服務（日托）的概念，希望長者能貼近大學生一天生活。日常上班的時間，長者一起出門參與各類課程與活動；中午可以一同共餐；下午則參加義工服務或到校內圖書館休息，結束所有活動以後回家。這樣的安排，讓已經退休的長者仍然有出門活動與享受服務的機會，從而達到退而不休，開始建構美好的第三人生。

中高齡飲食在大學的概念設計

　　健康餐盒設計妥善利用大學現有人力資源，在大學校園進行跨領域「學用合一」及「健康識讀」之實務操作。餐盒食譜設計由本中心「樂齡大學」課程之學生（55歲以上）和本校營養師共同設計研發。在「營養與保健課程」內，學生以學習單的方式進行餐食設計（見圖三）。經過授課之營養師微調後，食譜即成為隔周供應之共餐菜式。

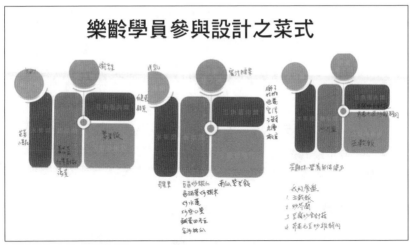

● 圖三、本中心「樂齡大學」課程內容

餐盒食物則由校園現有餐廳烹調，能縮短食物里程，減少人力成本。餐盒推廣上，健康餐盒活動配合台北市立大學學士課程，讓大學青年參與商業攝影及平面美編，並由本校教授指導視覺設計，讓學生以「做中學」的原則，不斷修正成果與成品。

健康餐盒亦以「健康識能」（Health Literacy，指個人獲得、處理以及了解基本健康信息，並以此進行健康決策之能力）的概念設計。餐盒上清楚標示內含營養素與分量，實體食材成為具體呈現的健康資訊。當長者每一次享用餐盒時，透過視覺及味覺的感受與刺激，掌握每餐所需要的營養素與分量，讓長者可以按照所需進食，並作為日常飲食的參考。此外，以低度烹調的手法處理食物，也能讓食用者品嘗到「真食物」的味道。

考量長者與一般成年人營養需求和理解能力不一，因此利用食物分量代換法，以實物（實體餐食）呈現食物的分量。餐盒設計亦分成「增肌減脂餐盒」、「纖體健康餐盒」及「低醣健康餐盒」。強調純天然，以低油、低鹽且高纖為原則，提供適當的熱量與優質蛋白質，減少中高齡長者肌肉流失，可攝取均衡的營養。

結語：健康餐盒的社會影響力

本中心在推廣「老人共餐」計劃等社會服務工作上，已作出實際的貢獻。健康餐盒經過這幾年的推展，得到社會局社區關懷據點的共餐長者的讚賞與訂購師生們的肯定。活動過程中的文宣及設計專屬餐卡達到預期宣傳推廣效益，並讓學生認識到一個行動可能對社會產生的影響，實現環境、社會和管治（Environmental, Social and Governance，簡稱「ESG」）的可能性。

同時，本中心也將社會服務過程撰寫成周報，公開刊載於本中心《樂齡週報》上，其中一部分除記錄營養保健知識等資訊，亦回顧過往一周所有課程的點滴，除增加與長者的回饋，更達到寓教於樂的互動。此外，從《樂齡週報》進一步啟發本中心出版食譜，由餐廳所聘之配膳師、本

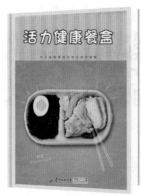

▼食譜下載

● 圖四、《活力健康餐盒食譜》下載二維碼

校營養師及本中心多方審定稿件，歷經三年疫情等艱困的環境因素下，終於完成第一版《活力健康餐盒食譜》（見上頁圖四），期望能提升社會工作者及長者之健康識讀能力。食譜更提供予各地之食物銀行及台灣紅十字會作免費推廣，以實踐大學的影響力。

最後，大學作為一個社會性的基礎設施，應負大學社會責任之義務，對長者餐食內容的設計與服務是一個開始。秉持對人的尊重，關注和研究社會中弱勢族群的生活權益等，是未來我們與各界社會大眾應當一同攜手完成的工作。

▼ Center for Innovative Research
and Practice on Smart Aging
University of Taipei

● 台北市立大學聰明老化跨域創新中心社群二維碼

重塑金齡美饌

陳業強
松齡護老集團行政總裁

享受・營養・飲食

　　「民以食為天」，飲食在我們的生活中佔據着重要的一部分。不論是為了維持身體健康，還是享受生活樂趣，我們都喜歡選擇合適的美食，建立個人飲食習慣。可是，長者隨着身體問題，往往要改變飲食口味。在這個過程中，院舍又應該如何處理，以協助院友？

在松齡護老的院舍中，為院友提供餐飲是重要的一環，讓他們享受飲食的樂趣之餘，亦能吸收所需營養。院舍會定期為院友評估身體狀況及所需營養，適時改善餐膳。針對患有慢性疾病的院友，例如糖尿病、腎病、高血脂、高血壓等，營養師會進行個別營養輔導。在日常生活中，照顧員要觀察院友體重的變化，定期與營養師及治療師一同看看他們肌力運動的需要，從而平衡營養。

食得開心又安心

院舍的每季餐單由營養師及廚師設計，除了平衡營養成分外，更需要滿足院友的口味。我們亦會邀請中醫設計藥膳及時令湯水，配合中國人的傳統喜好；餐單中亦有素食選項，兼顧營養飲食及綠色生活。提供不同的飲食選擇，讓院友挑選喜愛的口味，維持對飲食的樂趣，有助營養吸收。

院友的身體狀況是飲食選擇最重要的考量因素。院舍除了備有一般的常餐及素餐外，對於患有各種病症的院友，我們亦會準備不同的餐膳，例如為患有糖尿病的院友而設的糖尿餐、痛風院友的低普林餐、高

血壓前期或高血壓院友的低鹽餐等。尤其對於有吞嚥困難的院友，我們更會根據不同情況，為他們製作碎餐、軟餐、糊餐、流質餐等。透過各種膳食安排，我們鼓勵及支援院友食得開心又安心。

吞嚥障礙與舒適餵食

吞嚥障礙常見於有中風、柏金遜症、認知障礙症、退化等狀況的長者，引致食慾不振，容易導致體重減輕、營養不良。更甚者，食物或液體會進入呼吸道，俗稱「落錯格」，引發吸入性肺炎和慢性肺疾病，後果不堪設想。

對於一些同時患有晚期認知障礙症及有吞嚥障礙的院友而言，餵食及吞嚥的難度會大大增加。我們會與院友家屬訂立好照護的目標，平衡院友的營養及體重之餘，希望運用個性化的用膳方式，達到舒適餵食 (Comfort Feeding) 的效果。

舒適餵食旨在維持患者的生活質素及社交生活，在其進食期間，依然能感到愉悅及舒適。有見及此，近年我們更着手研究軟餐製作，保留食物的色、香、味、營，讓長者重拾飲食樂趣。

由言語治療師、營養師和職業治療師組成的跨專業團隊，會協助院友進行吞嚥評估及治療。在制定餐單的過程中，我們會加強「懷緬元素」，了解院友年輕時喜愛吃的東西，例如雲吞麵、糖醋魚等，盡量多用一些能讓他們增強食慾的食材。如院友不需要大量肌力運動，須攝取的營養不用太多，食量亦可以減少。因食量不多，我們鼓勵院友選擇自己喜愛的口

味，例如糖尿病的院友，也可以吃糖水；餐膳也不用太清淡，例如炸魚塊、霸王雞、欖角蒸魚等也可品嘗。在飲食的過程中，院舍會確保進食安全，讓院友能享受到美味，幫助營養吸收。

如您心願　煮出愛心料理

為進一步提升護老院舍膳食質素，華懋集團與黃金時代基金會合作，推出「如心料理」協作計劃。黃金時代基金會安排跨專業團隊，包括營養師、護士、言語治療師等，與如心酒店廚師一同設計餐單，炮製切合長者需要的美食選擇，包括分子料理，並加入適合有吞嚥困難人士的餐膳，保證色、香、味、營俱全。如心酒店廚師更參與義工訓練，與專業人士一同擔當導師，向義工傳授有關製作長者餐膳的技巧。義工完成訓練後，會到訪松齡護老的安老院舍，與一眾老友記分享特別炮製的美食，送上溫暖。

食得開心 回饋社區

鄺仲斌
大快活集團有限公司總經理（顧客服務、業務發展及特色餐廳）

　　香港人口老化是不爭的事實，按政府資料顯示，2022年香港長者人口達到152萬，據算2037年，每3名港人便有1名是65歲或以上長者。隨着年齡增長，長者的身體機能退化，或會影響其咀嚼及吞嚥能力，面對「無啖好食」的情況。根據香港社會服務聯會調查統計，護老院舍內76至85歲的長者，有25.6%需要進食軟餐；86至95歲需要進食軟餐的長者，更接近四成。長者及吞嚥困難患者因在市場未能方便購買

美味軟餐，有時會進食一些正常食物，只吃其味道而不吞嚥，嚴重影響他們的生活質素和營養吸收。面對他們對飲食的需求，大快活推行了「快活回味軟餐」計劃，推出軟餐飯盒，務求令吞嚥困難患者及長者於軟餐食物上有更多選擇，更方便購買，可重拾進食樂趣，同時更可減輕其照顧者準備膳食的重擔，從而改善大家的生活質素。

「快活回味軟餐」計劃，選定大快活皇牌美食「阿活咖喱雞飯」及「阿活焗豬扒飯」，以製作出原汁、原味的軟餐飯盒。延續品牌「食得開心，活得精彩」的使命，製作過程中盡力保留食物的美味及其營養，為客人提供最熟悉的港式口味，藉此重拾食慾與樂趣。「快活回味軟餐」適合吞嚥困難患者及長者食用，符合國際吞嚥障礙飲食標準 (IDDSI) 及照護食標準指引等級4（食物：糊狀；飲品：高度稠）。首階段於安老院舍試行，並會在稍後推廣至各大快活分店及網上訂購，務求惠及更多吞嚥困難患者、長者照顧者及安老院舍，貫徹人人快活的使命！

大快活用了一年多的時間研發軟餐，過程挑戰重重，尤其是研發軟餐中的飯類產品。我們首要關注的

是保持食品製作環境的高度衛生與安全，務求讓長者們吃得安心。其次，我們堅持軟餐產品有餸有飯，讓長者們有完整的用餐體驗。製作軟白飯的過程中，我們需解決白飯黏稠度高的物質特性，與分解白飯的澱粉質的難題。經反覆嘗試後，我們成功製作出符合國際吞嚥障礙飲食標準（IDDSI）及照護食標準指引等級4的軟白飯，讓有吞嚥困難患者及長者可以品嘗到口感比一般糊餐或碎餐更吸引的食物，令用餐者可享受港式滋味，重拾熟悉的感覺。

此外，大快活扎根香港，秉承「取諸社會，用諸社會」的精神，關愛有需要人士，積極連繫社區。我們2014年自發策動「快活關愛長者咭」計劃，於社區內給街坊長者派發「快活關愛長者咭」，持有人除了

於我們分店消費可享用餐折扣外，更讓長者於佳節享
有多種優惠或贈品。

　　我們更鼓勵分店積極參與「快活愛心送遞」行動。
我們定期會聯同區內組織，於不同分店舉行活動，向有
需要長者派發免費的「阿活粟米肉粒飯」及其他生活用
品。更會邀請分店常客擔任「社區大使」，於活動當日
到場與長者們分享區內日常，讓長者體會到人間有情，
藉此回饋他們過去多年對社會曾作出的貢獻。另外，我

們員工亦會透過創新的體驗式培訓活動，讓團隊領略將心比己的同理心，在服務有不同需要的顧客時，能夠提供發自內心的「個人化服務」。

　　作為社區的一分子，我們希望透過以上種種不同的計劃，令長者們在社區保持活躍，平日更可多點出外用膳與人聯繫，從而提升身心健康。最終希望每一位長者都可以「食得開心，活得精彩」。

附錄：第九屆黃金時代展覽暨高峰會

為應對人口高齡化的趨勢，本會自2016年起，每年舉辦「黃金時代展覽暨高峰會」，匯集國內外各行各業有影響力的思想家和領袖，引進創新的思維和優秀實踐模式；並讓專業人員和社區人士認識最新科技、產品和服務，成功建立跨界別協作平台，促進香港和亞洲各地智齡城市的發展。

2024年的「黃金時代展覽暨高峰會」將以「智齡‧永續‧機遇」為主題，就各大老齡化議題，邀請來自世界各地不同領域的傑出嘉賓，深入探討建設智齡化城市的創新理念和實踐方法。展覽會將設有超過200個攤位，展示來自世界各地先進及優質的產品、服務及智齡科技。

今年的「黃金盛宴」慶祝晚宴將邀請來自不同行業的企業高管、專業人士，以及機構代表參加，一起互相交流，建立新的聯繫和合作，並討論及分享與老齡化相關的創新想法和經驗，發掘更多機遇。

第九屆「黃金時代展覽暨高峰會」謹定於2024年8月2至4日假灣仔會議展覽中心舉行。歡迎各位踴躍參與，與我們攜手共建智齡城市！

今年是黃金時代基金會踏入10周年的重要里程，本會將舉辦一系列活動，繼續鼓勵創新對話，共同攜手處理和探究解決人口老化問題的可能性，推動嶄新的黃金時代經濟發展。

詳情請參閱「黃金時代基金會」網站：
https://goldenage.foundation/

 去屆活動精彩重溫

鳴謝

本書集合了近30位來自香港和各地的專業人士、商界、學界和社區領袖的專業知識和遠見。他們大部分是2023年「黃金時代展覽暨高峰會」的主講嘉賓，為了啟發更多讀者，將他們的真知灼見撮要成文，我們深表感激。以下是作者名單：

Dr Gengpong Tangaroonsanti
Dr Karoline Schmid
Ms Thelma Kay
王蓓芸女士
江志恒先生
任影嬋女士
何永賢女士
岑諾恆先生
林一鳴博士
孫玉菡先生
陳文琪博士
陳志育先生
郭海生先生

陳淑芬女士

張啓遠先生

連舜香女士

陳欽勉先生

梁渭聲先生

陳業強先生

馮　康醫生

湯啟宇教授

黃惠娜女士

黃廣揚先生

廖梓泠女士

鄧子平先生

蔡宏興先生

蕭希婷女士

鄺仲斌先生

關仕明先生

（按姓名筆畫序及英文字母排列）

作者簡介

群策智齡③

靈活創新 ‧ 引領未來

編　　　著：黃金時代基金會

主　　　編：容蔡美碧

責 任 編 輯：Stephanie Chan、S. Lau

美 術 設 計：samwong

出　　　版：明窗出版社

發　　　行：明報出版社有限公司

　　　　　　香港柴灣嘉業街 18 號

　　　　　　明報工業中心 A 座 15 樓

電　　　話：2595 3215

傳　　　真：2898 2646

網　　　址：http://books.mingpao.com/

電 了 郵 箱：mpp@mingpao.com

版　　　次：二〇二四年七月初版

I　S　B　N：978-988-8829-55-2

承　　　印：美雅印刷製本有限公司